चेतना का संस्कार

चेतना का संस्कार

सम्पादक
डॉ. विश्वनाथप्रसाद तिवारी
डॉ. सदानन्द गुप्त

वाणी प्रकाशन

वाणी प्रकाशन

4695, 21-ए, दरियागंज, नयी दिल्ली 110 002

फ़ोन : +91 11 23273167 फ़ैक्स : +91 11 23275710

शाखाएँ

अशोक राजपथ, पटना 800 004, बिहार

कॉफ़ी हाउस कैम्पस, महात्मा गांधी मार्ग, इलाहाबाद 211 001, उत्तर प्रदेश

महात्मा गांधी अन्तरराष्ट्रीय हिन्दी विश्वविद्यालय, वर्धा 442 001, महाराष्

सुल्तानिया रोड, मोतिया पार्क, भोपाल 462 001, मध्य प्रदेश

www.vaniprakashan.com
marketing@vaniprakashan.in
sales@vaniprakashan.in

CHETNA KA SANSKAR
Edited by Dr. Vishwanath Prasad Tiwari & Dr. Sadanand Gupt

ISBN : 978-93-5072-586-3
Essays

संस्करण 1993, 2013, 2018
चतुर्थ संस्करण 2021

मूल्य : ₹ 75

एम.एस. प्रिंटर्स, दिल्ली-110 093 में मुद्रित

अनुक्रम

भूमिका

हिन्दी निबन्ध : स्वरूप और सीमा

आत्म-प्रकाशन की प्रवृत्ति मनुष्य की एक अत्यन्त प्रबल प्रवृत्ति है। प्रायः सम्पूर्ण साहित्य के मूल में मनुष्य की यह प्रवृत्ति काम करती है। यही प्रवृत्ति निबन्ध के मूल में भी सक्रिय होती है। निबन्ध में जिस तत्त्व को सर्वाधिक महत्त्व प्राप्त हुआ है वह है निबन्धकार का व्यक्तित्व। यदि व्यक्तित्व को व्यापक अर्थ में ग्रहण किया जाय तो एक अर्थ में सभी कलाओं में कलाकार का व्यक्तित्व छिपा होता है।[1] इस व्यक्तित्व को निबन्ध में अनिवार्य तत्त्व के रूप में ग्रहण किया गया है। निबन्धों का जनक मान्तेन कहता है कि वह अपने को ही निबन्धों में चित्रित करता है।[2] उसकी दृष्टि में निबन्ध आत्मा को दूसरों तक पहुँचाने के प्रयास हैं।[3]

लेख और निबन्ध : इसी व्यक्तित्व की विशेषता के कारण 'निबन्ध' 'लेख' से अलग हो जाता है। सामान्यतः 'लेख' और 'निबन्ध' दोनों शब्दों का एक ही अर्थ में प्रयोग कर दिया जाता है किन्तु इन दोनों में अन्तर है। 'निबन्ध' शब्द अंग्रेजी के 'एसे' (Essay) का पर्यायवाची है और 'लेख' अंग्रेजी के 'आर्टिकल' (Article) का। दोनों की व्याख्याएँ अलग-अलग हैं।[4] लेख में अध्ययन और विषय प्रधान होता है। इसके विपरीत निबन्ध में

---

1. "If literature be at bottom an experience of life, and if it be by virtue of the life which it expresses that it makes its special appeal, then the ultimate secret of its interest must be sought in its essentially personal character."—Hudson.
   An Introduction to the Study of Literature, p. 16
2. "I am the subject of my essays because I myself am the only person whom I know thoroughly." —Montaigne
3. These essays are an attempt to communicate a soul.—Montaigne
4. (क) "As a form of literature, the essay is a composition of moderate length, usually in prose, which deals in an easy, cursory way with a subject, and, in strictness, with that subject only as it affects the writer." Encyclopaedia Britannica, Volume 8, p. 716

   (ख) "लेख मूल अर्थ में समस्त लिखी सामग्री के लिए आता है, किन्तु वास्तव में वह उस गद्य-रचना के लिए प्रयुक्त होने लगा है जिसमें लेखक प्रमुखतया निर्वैयक्तिक ढंग से किसी विषय पर शास्त्रीय ढंग से प्रकाश डालता है। इसे अंग्रेजी का आर्टिकल कह सकते हैं।"
   –हिन्दी साहित्य कोश, प्रथम भाग, पृ. 408

लेखक का व्यक्त्वि ही प्रधान होता है। दरअसल, निबन्ध के लिए विषय की कोई सीमा ही नहीं होती है। यह किसी भी विषय पर लिखा जा सकता है। इसके विषय अनन्त हैं क्योंकि इसमें विषय प्रधान नहीं होता है, प्रधान होता है लेखक का व्यक्तित्व।[1] लेख में लेखक अपना मत प्रतिपादन करता है किन्तु निबन्ध में मत प्रतिपादन नहीं होता। लेख में वह लालित्य नहीं होता जो निबन्ध की विशेषता है। मराठी के प्रसिद्ध निबन्धकार श्री ना.सी. फड़के ने 'नवेंलेंणे' नामक ललित निबन्धों के संग्रह में निबन्ध को एक अलग वैशिष्ट्य देने की चेष्टा की है। उन्होंने एक उपमा देते हुए कहा है कि निबन्ध में विषय की स्थिति जलाशय की सतह पर फेंके हुए उस दण्ड के समान होती है जो उठने वाली तरंगों के लिए निमित्त मात्र होता है।[2]

प्रबन्ध और निबन्ध : इसी प्रकार 'प्रबन्ध' और 'निबन्ध' में भी अन्तर है। आधुनिक काल में 'प्रबन्ध' शब्द का प्रयोग अंग्रेजी के 'थीसिस' (thesis) या 'ट्रीटाइज' (treatise) शब्दों के पर्यायवाची रूप में होता है। प्रबन्ध उस शोधपूर्ण या गम्भीर रचना को कहते हैं जिसमें आलोचनात्मक विवेचन और विश्लेषण होता है।[3] इसमें वृद्धि का अधिक हाथ होता है और इसकी रचना में पर्याप्त श्रम की आवश्यकता है। किन्तु डॉ. जान्सन ने तो निबन्ध को एक ढीली-ढाली, अव्यवस्थित एवं अपरिपक्व रचना कहा है।[4] दोनों में आकार का भी भेद है। एक विस्तृत होता है दूसरा लघु। प्रबन्ध का क्षेत्र व्यापक है जबकि संक्षिप्तता निबन्ध की विशेषता है।[5] निबन्ध में शैली का महत्त्व सबसे अधिक होता है। शैली ही निबन्ध और निबन्धकार की पहचान है।

---

1. (क) "Apparently there is no subject from the stars to the dust heap and from the amoeba to man, which may not be dealt with in an essay."—Hugh Walker

   The English Essay and Essayist Introduction, p. 2

   (ख) "But the real essayist has no subject, or if you will has every subject in the world at his command, for the simple reason his business is to talk about himself or to express the relation between any subject and himself.—J.b. Priestly : English Past and Present.

2. एकाका जलाश्यात्या कांठावर बखूब आपण एक साहायता दण्ड त्यांत टांकतो, मनचल पृष्ठावर उठणारे तरंग पाहात् रहतों, तद्वत् या आधुनिक निबन्ध प्रकारात कोणत्याहि विषयांच्या निमितानं लेखाकाच्या अन्तरगात उठणाया विचार विकार तरंगान दर्शन चड़ाव। –ना.सी. फड़के : नवेंलेंणे

3. "किन्तु आज निबन्ध और प्रबन्ध, दोनों ही अपने मूल या रूढ़ अर्थों में प्रयुक्त नहीं होते हैं। प्रबन्ध का प्रयोग आज उन गद्य-रचना के लिए होता है, जिसमें लेखक किसी विषय का सांगोपांग विस्तार के साथ अपनी भाषा शैली में विवेचन करता है। इसे अंग्रेजी के 'ट्राटाइज' और 'थीसिस' का समानार्थी कहा जा सकता है।"

   –हिन्दी साहित्य कोश, प्रथम भाग, पृ. 408

4- "A loose sally of the mind, an irregular, undigested piece, not a regular and orderly composition."

   —Johnson

5. "The essay then may be regarded roughly as a composition on any topic, the chief negative features of which are comparative brevity and comparative want of exhaustiveness."—Hudson

   An Introduction to the study of literature.

आत्मीयता : निबन्ध में आत्मीयता बहुत होती है। इसमें लेखक और पाठक का अन्तर मिट जाता है।[1] निबन्धकार पाठक से एक पटु-संभाषणकर्ता के समान घरेलू बातचीत करने लगता है।[2] वह अपने और पाठक के बीच एक प्रकार का विनोदपूर्ण वातावरण उपस्थित करता है। निबन्धकार निबन्ध की दीवार प्रायः परिचित आधार पर ही उठाता है। देखकर लगता है जैसे निबन्धकार को कोई विषय ही नहीं मिल रहा था। वह आश्चर्य और कौतूहल उत्पन्न करने वाली छोटी-छोटी बातों का सहारा लेता चलता है। पाठक की विस्मृत किंवदंतियों और पौराणिक कथा-प्रसंगों का हवाला देता चलता है। इस प्रकार उद्धरणबहुलता भी उसकी शैली का एक अंग है।[3] वह बीच-बीच में मीठा और तीखा व्यंग्य करता चलता है। परम्परा पर प्रहार करता है, उसे खुली चुनौती देता है। वस्तुतः व्यंग्य में ही निबन्धकार का सच्चा व्यक्तित्व निखरता है।

इस प्रकार पाश्चात्य निबन्धकारों के अनुसार वैयक्तिकता निबन्ध का विशेष गुण है। उसका वातावरण हल्का और विनोदपूर्ण होता है। उसमें विषय नहीं वरन् लेखक का व्यक्तित्व प्रधान होता है। इसी अर्थ में वह 'लेख' और 'प्रबन्ध' से भिन्न है। मान्तेन, डॉ. जान्सन, चार्ल्सलैम्ब आदि निबन्धकार निबन्ध को इसी रूप में स्वीकार करते हैं।

हिन्दी निबन्ध की विशेषता : हिन्दी के प्रसिद्ध आलोचक और निबन्धकार पं. रामचन्द्र शुक्ल भी निबन्ध में व्यक्तित्व की विशेषता को स्वीकार करते हैं किन्तु वे विचारों की श्रृंखला बनाये रखना चाहते हैं। सुसम्बद्धता, उनके अनुसार, निबन्ध का एक बहुत बड़ा गुण है।[4] आचार्य शुक्ल निबन्ध में हृदय और बुद्धि के समन्वय

---

1. "I speak unto paper on to the first man I meet as a kind of autobiography."—Montaigne
3. "The true essay approximates to familiar talk, and the essayist is the brilliant and self-revealing conversationalist whose every frase is satted with personality."—J.B. Priestly : English Past & Present
4. "It is essential for him that books should have been written and that they should atleast to some extent, have been read and digested. He is usually full of allusions and references and these his reader must be able to understand and follow."—Hugh Walker
The English Essay and Essayist, Introduction, p. 4
1. "आधुनिक पाश्चात्य लक्षणों के अनुसार निबन्ध उसी को कहना चाहिए जिसमें व्यक्तित्व या व्यक्तिगत विशेषता हो। बात तो ठीक है, यदि ठीक तरह से समझी जाय। व्यक्तिगत का यह मतलब नहीं कि उसके प्रदर्शन के लिए विचारों की श्रृंखला रखी ही न जाय या जानबूझकर जगह-जगह से तोड़ दी जाय...। अर्थ-सम्बन्धी सूत्रों की टेढ़ी रेखाएँ ही भिन्न-भिन्न लेखकों का दृष्टिपथ निर्दिष्ट करती हैं। एक ही बात को लेकर किसी का मत किसी सम्बन्ध-सूत्र पर दौड़ता है, किसी का किसी पर। इसी का नाम है एक ही बात को भिन्न-भिन्न दृष्टियों से देखना। व्यक्तिगत विशेषता का मूल आधार यही है।"
–हिन्दी साहित्य का इतिहास, पृ. 505-506

पर जोर देते हैं।[1] स्वयं उनके ही निबन्धों में बुद्धि और विचार की प्रधानता है। शुक्लजी निबन्ध को गद्य की कसौटी मानते हैं।[2] शुक्लजी के अतिरिक्त हिन्दी के अन्य समीक्षक और निबन्धकार भी निबन्ध में विषय तथा विचार का महत्त्व स्वीकार करते हैं। हिन्दी में ऐसे निबन्धों की संख्या भी अधिक है जिनमें विषय और विचार प्रधान हैं। वस्तुतः प्रत्येक देश के साहित्य की एक अपनी परम्परा और प्रकृति होती है। संस्कृत साहित्य में 'निबन्ध' का जो प्रयोग हुआ है उसका अर्थ लिया गया है : 'बाँधना', 'गूँथना', 'संग्रह करना' आदि। सम्भवतः प्राचीन भारतीय ऋषि-मुनि भोजपत्रों पर लिखते थे और उन्हें संग्रह करके रखने की क्रिया को 'निबन्ध' कहा जाता था। अर्थ-संकोच के कारण इसका प्रयोग प्रायः किसी साहित्यिक रचना अथवा टीका आदि के लिए होने लगा। संस्कृत साहित्य में इस शब्द का प्रयोग किसी भी प्रकार की बौद्धिक और गम्भीर रचना के लिए हुआ है जिसका विषय दर्शन, अध्यात्म, साहित्य आदि होता था। संस्कृत साहित्य में 'प्रबन्ध' शब्द का प्रयोग भी कहीं-कहीं 'निबन्ध' के लिए हुआ है। इस प्रकार हिन्दी निबन्धों को विचारात्मकता विरासत में मिली है। यदि पाश्चात्य लक्षणों के अनुसार हम आत्मपरक रचनाओं को ही निबन्ध की संज्ञा दें तो हिन्दी-निबन्ध-साहित्य के एक बहुत बड़े अंश को निबन्ध-क्षेत्र से निकाल देना पड़ेगा। अतः हिन्दी निबन्धों की प्रकृति को देखते हुए मैंने वस्तुनिष्ठ (Objective) और आत्मनिष्ठ (Subjective) अथवा विषयप्रधान और विषयीप्रधान दोनों प्रकार के निबन्धों को निबन्धक्षेत्र के अन्तर्गत स्वीकार किया है और उन पर इसी रूप में विचार किया है।

संस्मरण, रेखाचित्र और निबन्ध : संस्मरण में निबन्ध की मनोरमता अधिक स्पष्ट रूप में मिलती है किन्तु इन संस्मरणों को निबन्ध की सीमा से दूर रखना ही उचित है। संस्मरणों में किन्हीं विशेष पात्रों को लेखक अपने से सम्बद्ध करके रखता है। उनको ऊपर लाने के लिए उन्हें वह अपने जीवन की विगत घटनाओं में दिखलाता है। ऐसा करने में लेखक का अपनापन भी सामने आ जाता है। लेखक के इसी अपनापन को देखकर भ्रमवश कुछ लोग इन संस्मरणों को निबन्ध कह देते हैं। किन्तु हमें यह न भूलना चाहिए कि इन संस्मरणों में विषय प्राधान्य बना रहता है। पाठक का ध्यान संस्मरण में चित्रित पात्र पर भी केन्द्रित रहता है। लेखक का निजत्व पाठक पर थोड़ा बहुत प्रभाव तो डालता है किन्तु चित्रित पात्र विशेष का प्रभाव ही पाठक की आत्मा को गहराई के साथ स्पर्श करता है। पाठक का ध्यान भी लेखक की निजता पर केन्द्रित न होकर उन्हीं चित्रित व्यक्तियों को ढूँढ़ता है।

---

1. "निबन्ध लेखक जिधर चलता है उधर अपनी सम्पूर्ण मानसिक सत्ता के साथ अर्थात् बुद्धि और भावात्मक हृदय दोनों लिए हुए।" —वही, पृ. 506
2. "यदि गद्य कवियों या लेखकों की कसौटी है तो निबन्ध गद्य की कसौटी है।" —हिन्दी साहित्य का इतिहास, पृ. 505

'अतीत के चलचित्र' या 'स्मृति की रेखायें' में चित्रित व्यक्ति ही पाठक के हृदय को करुणा से भर देते हैं। इनमें लेखक का "निकटता-जनित आत्म-विज्ञापन (तो) उस राज से अधिक महत्त्व नहीं रखता जो आग को बहुत समय तक सजीव रखने के लिए ही अंगारों को घेरे रहती है।"[1] किन्तु निबन्ध में ऐसी बात नहीं है। उसमें तो लेखक का अपना व्यक्तित्व ही प्रधान होता है।

रेखाचित्र और निबन्ध की भी अपनी अलग सीमायें हैं। रेखाचित्र में लेखक आलम्बन का चित्र उपस्थित करता है। यह आलम्बन समाज भी हो सकता है, व्यक्ति भी हो सकता है और कोई प्रवृत्ति विशेष भी हो सकती है। जीवित प्राणी भी हो सकता है, निर्जीव पदार्थ भी। लेखक अपनी अनुभूति को ही कल्पना का एक हल्का-सा आवरण देकर उपस्थित करता है। यहाँ पर भी संस्मरण की ही भाँति लेखक की अपेक्षा चित्र ही प्रधान होता है। यह अवश्य है कि परोक्ष रूप से इन रेखाओं में लेखक भी आ जाता है क्योंकि वे रेखायें लेखक की लेखनी से ही बनती हैं। किन्तु रेखाचित्र में प्रत्यक्ष रूप से आने की बात तो दूर है, लेखक उस रूप में भी नहीं आ पाता जिस रूप में यह संस्मरणों में आता है।

यात्रावृत्तान्त, आत्मकथा, डायरी, रिपोर्ताज, गद्यकाव्य और निबन्ध : वर्तमान समय में यात्रा साहित्य, आत्मकथा, डायरी, रिपोर्ताज और गद्यगीत आदि विधाएँ हिन्दी गद्य-साहित्य में एक स्वतन्त्र विधा के रूप में प्रतिष्ठित हो चुकी हैं। इन विधाओं में पर्याप्त साहित्य भी लिखा जा चुका है। किन्तु अब भी कभी-कभी इनकी चर्चा हिन्दी निबन्ध के साथ कर दी जाती है। वस्तुतः आज इन सभी विधाओं की सीमायें अलग-अलग उभर चुकी हैं। अतः इनका विवेचन पृथक-पृथक करना ही उचित होगा।

यात्रा-वृत्तान्त के अन्तर्गत लेखक अपनी यात्राओं का वर्णन करता है। वह अपने देखे हुए मनोरम दृश्यों तथा उनका मन पर पड़ने वाले प्रभावों का अंकन करता है। उसमें उसका लक्ष्य भिन्न होता है। यद्यपि निबन्ध में भी यात्राओं का वर्णन हो सकता है किन्तु निबन्ध का स्वरूप यात्रा-वृत्तान्तों से भिन्न होता है।

आत्मकथा में लेखक जीवन की घटनाओं और तथ्यों के विवरण द्वारा अपने

---

1. "इन स्मृति-चित्रों में मेरा जीवन भी आ गया है। यह स्वाभाविक भी था। अँधेरे की वस्तुओं को हम अपने प्रकाश की धुँधली या उजली परिधि में लाकर ही देख पाते हैं; उसके बाहर तो वे अनन्त अन्धकार के अंश हैं। मेरे जीवन की परिधि के भीतर खड़े होकर चरित्र जैसा परिचय दे पाते हैं, वह बाहर रूपान्तरित हो जायगा फिर जिस परिचय के लिए कहानीकार अपने कल्पित पात्रों को वास्तविकता से सजाकर निकट लाता है, उसी परिचय के लिए मैं अपने पथ के साथियों को कल्पना का परिधान पहना कर दूरी की सृष्टि क्यों करती। परन्तु मेरा निकटताजनित आत्मविज्ञापन उस राज से अधिक महत्त्व नहीं रखता जो आग को बहुत समय तक सजीव रखने के लिए ही अंगारों को घेरे रहती है। जो इसके पार नहीं देख सकता, वह इन चित्रों के हृदय तक नहीं पहुँच सकता।"

—महादेवी वर्मा

'अतीत के चलचित्र', छठवाँ संस्करण, सं. 2013 वि., 'अपनी बात', पृ. 2

व्यक्तित्व का उद्घाटन करता है। आत्मकथा में उसका मूल लक्ष्य अपने आन्तरिक और बाह्य संघर्षों की अभिव्यक्ति होता है। यद्यपि निबन्ध में भी लेखक का व्यक्तित्व व्यक्त होता है किन्तु वह विषय के माध्यम से ही व्यक्त होता है। निबन्ध में लेखक का उद्देश्य सिर्फ अपनी कथा प्रस्तुत करना नहीं होता।

डायरियाँ दो प्रकार की होती हैं—वास्तविक और काल्पनिक। वास्तविक डायरियों का सम्बन्ध किसी व्यक्ति विशेष से होता है जो अपनी निजी अनुभूतियों, विचारों अथवा घटनाओं को तिथिक्रम से नोट करता चलता है। ऐसी डायरियाँ प्रायः व्यक्तिगत, तथ्यपरक और गोपनीय होती हैं। काल्पनिक डायरियाँ साहित्यिक होती हैं और लेखक की प्रकृति के अनुसार किसी घटना, अनुभूति और विचार को लेकर लिखी जा सकती हैं। इनका स्वरूप निबन्ध से भिन्न होता है।

रिपोर्ताज का सम्बन्ध अंग्रेजी के 'रिपोर्ट' शब्द से है। इसमें कम से कम शब्दों में घटना का यथार्थ चित्रण होता हैं रिपोर्ताज में लेखक सच्ची और छोटी-छोटी घटनाओं के वर्णन द्वारा प्रभाव की सृष्टि करता है। इसका स्वरूप भी निबन्ध से भिन्न है।

गद्यकाव्य गीतिकाव्य की परम्परा में आता है। इसमें कल्पना की प्रधानता, संक्षिप्तता, एकतथ्यता, तन्मयता, इतिवृत्तहीनता, भावुकता और संगीतात्मकता प्राप्त होती है। यद्यपि निबन्ध में भी इनमें से दो-एक तत्त्व प्राप्त होते हैं किन्तु उसमें ये तत्त्व उस विकसित अवस्था में नहीं होते। गद्यकाव्य में भावुकता और तन्मयता अधिक होती है।

हिन्दी निबन्ध पर स्वतन्त्र रूप से पुस्तकें लिखने वाले प्रायः अधिकांश विद्वानों ने संस्मरण, रेखाचित्र, यात्रावृत्तान्त, आत्मकथा, डायरी, रितोर्ताज, गद्यकाव्य आदि को भी निबन्ध की सीमा में समेट लिया है तथा इन विधाओं में लिखे गये ग्रन्थों की भी निबन्ध के साथ चर्चा की है। किन्तु वास्तव में इन सभी विधाओं का अपना अलग स्वरूप है इसलिए इन सबकी सीमाओं की ओर ऊपर संकेत किया गया है।

उपर्युक्त परिभाषाओं, उनमें निहित तथ्यों तथा विभिन्न विद्वानों द्वारा निर्दिष्ट निबन्ध की विशेषताओं को देखते हुए हम निबन्ध के सम्बन्ध में निम्नलिखित निष्कर्ष निकाल सकते हैं—

- निबन्ध में लेखक का व्यक्तित्व प्रमुख होता है। निबन्ध की यह सबसे महत्त्वपूर्ण विशेषता है।
- निबन्ध में आकारगत लघुता होती है। यद्यपि निबन्ध के लिए शब्दों की कोई सीमा नहीं निर्धारित की जा सकती फिर भी यह कहा जा सकता है कि निबन्ध एक संक्षिप्त रचना है।
- निबन्ध एक शैली प्रधान गद्य-रचना है। निबन्धकार की सफलता उसकी शैली पर निर्भर है। शैली ही वह प्रमुख तत्त्व है जो लेखक के व्यक्तित्व की व्यंजना

करती है। इसीलिए शैली को विचारों का अस्त्र[1] और स्वयं व्यक्तित्व[2] भी कहा गया है।

- निबन्ध रोचक और सजीव होता है। इसकी शैली व्यंग्य-विनोद मिश्रित होती है। निबन्धकार में व्यापक सहानुभूति और आत्मीयता का होना आवश्यक है। अपनी आकर्षक शैली के कारण निबन्धकार किसी भी विषय पर निबन्ध लिख सकता हैं यहाँ तक कि 'क्या लिखूँ'[3] भी निबन्ध लेखक का विषय हो सकता है।

कुछ लोग केवल व्यक्तित्व प्रधान और हल्की-फुल्की रचनाओं को ही निबन्ध की संज्ञा देते हैं। जबकि कुछ लोग गम्भीर विचारपूर्ण रचनाओं को भी निबन्ध-क्षेत्र के अन्तग्रत रखते हैं। वस्तुत इस सम्बन्ध में कोई मतभेद नहीं होना चाहिए। निबन्धकार के व्यक्तित्व भेद से निबन्ध का स्वरूप दोनों ही प्रकार का हो सकता हैं वह शिथिल भी हो सकता है, गमीीर भी। वस्तुनिष्ठ भी हो सकता है, आत्मनिष्ठ भी। किन्तु इन दोनों को ही निबन्ध-क्षेत्र के अन्तर्गत स्वीकार करना उचित होगा।

हिन्दी निबन्ध : प्रकार और शैली

हिन्दी निबन्ध पर विचार करने वाले विद्वानों ने हिन्दी निबन्ध के—विचारात्मक, भावात्मक, वर्णनात्मक, कथात्मक, विवरणात्मक, विवेचनात्मक आदि प्रकार—गिनाये हैं। कुछ लोगों ने निबन्ध के दो ही प्रकार निश्चित किये हैं—परिबन्ध निबन्ध (Objective Essay) या विषयनिष्ठ और निबन्ध (Subjective Essay) या विषयीनिष्ठ। इसी को कुछ दूसरे लोगों ने 'परात्मक' (Objective) और 'निजात्मक' (Subjective) नाम भी दिये हैं। वस्तुतः निबन्ध का क्षेत्र बहुत व्यापक है। विषय की विविधता, वर्णनशैली और लेखक के दृष्टिकोण के आधार पर निबन्धों के प्रकार भी अनेक हो सकते हैं। शैली पर ध्यान दें तो कहीं-कहीं एक ही निबन्ध में अनेक शैलियाँ मिलेंगी। ऐसी स्थिति में निबन्ध पर नये ढंग से विचार करते हुए उसके प्रकार निश्चित करना बहुत उपयुक्त नहीं लगता, फिर भी एक व्यवस्थित अध्ययन की आवश्यकता और छात्रों की सुविधा को ध्यान में रखते हुए हिन्दी के उपलब्ध निबन्धों के निम्नलिखित प्रमुख प्रकार बनाये जा सकते हैं—

1. विचारात्मक और विषयप्रधान
2. भावात्मक और कल्पना प्रधान
3. कथात्मक और वर्णनप्रधान

---

1. Style is the dress of thoughts.
2. Le Style est I' homme meme (Style is the Man himself.)
3. प्रतापनारायण मिश्र के एक निबन्ध का शीर्षक।

4. आत्मपरक और ललित
5. व्यंग्य और हास्यप्रधान

विचारात्मक और विषयप्रधान निबन्ध : इन निबन्धों में चिन्तन, मनन और तर्कप्रधान होता है। इसमें कसाव होता है और प्रायः समास शैली का प्रयोग होता है।[1] इन निबन्धों की भाषा परिमार्जित और गम्भीर होती है। इसमें एक ही मुख्य विषय को लेकर लेखक पूर्ण गहराई से विचार करता है। पण्डित रामचन्द्र शुक्ल के 'चिन्तामणि' के निबन्ध विचारात्मक निबन्धों के आदर्श हैं। उनकी एक-एक पंक्ति चिन्तन को उभारती चलती है।

हिन्दी में जो विचारात्मक निबन्ध प्राप्त होते हैं उनमें कुछ तो शोधपरक हैं। डॉ. पीताम्बरदत्त बड़थ्वाल के 'योगप्रवाह' और डा. वासुदेवशरण अग्रवाल के 'पृथ्वीपुत्र' आदि निबन्ध-संग्रहों में इस प्रकार के कई निबन्ध हैं। इन निबन्धों में पर्याप्त अध्ययन के उपरान्त तथ्य उपस्थित करने एवं उसे तर्क तथा उद्धरणों द्वारा प्रमाणित करने का आग्रह होता है। इन निबन्धों में गम्भीर अध्ययन और तटस्थ चिन्तन देखा जा सकता है। दूसरे प्रकार के विचारात्मक निबन्ध वे हैं जिनमें प्रधानता तो विचारों की ही है पर उनकी प्रतिपादन शैली आकर्षक है। डॉ. हजारीप्रसाद द्विवेदी के विचारात्मक निबन्ध इस प्रकार के निबन्धों में श्रेष्ठ हैं। इन निबन्धों में द्विवेदी जी का गम्भीर अध्ययन तो स्पष्ट है किन्तु नीरसता इनमें नहीं आने पाई है।

भावात्मक और कल्पनाप्रधान निबन्ध : इन निबन्धों में कल्पना की प्रधानता होती है। इनमें अनुभूति की गहनता और भावना की तीव्रता मिलती है। किन्हीं-किन्हीं निबन्धों में तो लेखक की सरस और आलंकारिक शैली कविता की छटा उपस्थित करती है। डॉ. रघुवीर सिंह की 'शेष स्मृतियाँ' और माखनलाल चतुर्वेदी के 'साहित्य देवता' में इस प्रकार के निबन्ध देखे जा सकते हैं। इन निबन्धों में भावों का प्रवाह बना रहता है जैसे कोई सरिता अपने पूरे वेग में बह चली हो। किन्तु कहीं-कहीं अति भावावेग के कारण प्रवाह में विक्षेप भी हो जाता है। 'शेष स्मृतियाँ' का एक अंश देखिए–

"साम्राज्य का शाहजादा...और अनारकली पर मुगध हो... साम्राज्य, कठोर हृदय साम्राज्य को यह बात ठीक न लगी। उन सुखद घड़ियों की बाट जोहना, वे तरसती हुई आँखें, उनकी वह प्यासी दृष्टि, कुछ अधकही बातें, धड़कता हुआ दिल, दो चुम्बन, पुनः मिलने के वे वादे, वियोग पर वे दो आहें.....आह! इन सबका अन्त हो गया; उस भोलीभाली बालिका को बलिदान कर डाला। प्रेम-मदिरा का वह छलकता हुआ प्याला पृथ्वीतल पर उँड़ेल दिया गया; वह मदिरा पृथ्वीतल में समा गयी और वह

---

1. "शुद्ध विचारात्मक निबन्धों का चरम उत्कर्ष नहीं कहा जा सकता है वहाँ एक पैराग्राफ में विचार बनाकर कहे गये हों और एक-एक वाक्य किसी सम्बद्ध विचार खण्ड को लिए हों।"
–पं. रामचन्द्र शुक्ल, हिन्दी साहित्य का इतिहास, पृ. 509

प्याला...क्रूर काल ने उसे चूर-चूर कर डाला। प्रेम की वेदी पर वह सुन्दर खिलती हुई कली कुचल दी गयी। खिलने भी न पायी थी, उसकी वह कसक अभी मिटी न थी कि वह भूतकाल की वस्तु हो गयी। कितनी निष्ठुरता...कठोर निर्जीव साम्राज्य के लिए सुकोमल धड़कते हुए हृदय का कुचला जाना, वारांगना राज्यश्री को आकर्षित करने के लिए सच्ची प्रेमिका को बलिदान कर देना...किन्तु यही संसार की रीति है।"[1]

कथात्मक और वर्णनप्रधान निबन्ध : इन निबन्धों में कथा का अंश होता है या वर्णन की प्रधानता रहती है। माखनलाल चतुर्वेदी के 'अमीर इरादे : गरीब इरादे', सियारामशरण गुप्त के 'झूठसच' तथा कन्हैयालाल मिश्र प्रभाकर के 'बाजे पायलिया के घुँघरू' शीर्षक निबन्ध संग्रहों में कई निबन्ध इस प्रकार के हैं। वर्णनात्मक निबन्धों में किसी स्थान, दृश्य, वस्तु, ऋतु, यात्रा आदि का मनोरम वर्णन होता है। यह वर्णन कहीं तो यथातथ्य होता है—सीधा और सपाट लेकिन कहीं-कहीं जब निबन्धकार किसी मनोरम छवि पर मुग्ध होता है तो वह अपनी कल्पना द्वारा आलंकारिक दृश्यचित्र प्रस्तुत करने लगता है। विद्यानिवास मिश्र के 'रुपहुला धुआँ' शीर्षक निबन्ध से इस प्रकार का एक दृश्य-चित्र देखिए—

"मैं घहरते हुए सावन-भादों में भी वहाँ गया हूँ और मैंने इस प्रपात के उद्दाम यौवन के उस महावेग को भी देखा है जो सौ-डेढ़ सौ फीट की अपनी चौड़ी धारा की प्रबल भुजाओं में धरती के चटकीले धानी आंचर में उफनाते यौवन को कस लेने के लिए व्याकुल हो जाता है और मैंने देखा है कि जब अम्बर के महलों में घनालिंगन करने वाली सौदामिनी धरती के इस सौभाग्य की ईर्ष्या में तड़प उठती है, तब उस तड़पन की कौंध में इस प्रपात का उमड़ाव फूल कर दुगुना हो जाता है। शरद् की शुभ्र ज्योत्स्ना में जब यामिनी पुलकित हो गयी है और जब इस प्रपात के यौवन का मद खुमार पर आ गया है और उस खुमारी में इसका सौन्दर्य सुरतान्त में शिथिल पड़ी मुग्धा के वदन मण्डल की भाँति और अधिक मोहित बन गया है, तब भी मैंने इसे देखा है और तभी जाकर मैंने शरदिन्दु को इस प्रपात की शान्त तरल स्फटिक धारा पर बिछलाते हुए देखा है।"[2]

आत्मपरक और ललित निबन्ध : इन निबन्धों में लेखक का व्यक्तित्व प्रधान होता है। विषय एक बहाना मात्र है। पत्र का कोई भी विज्ञापन, किसी लेखक की कोई पंक्ति, कोई भी घटना अथवा बाह्यजगत के प्रति कोई भी प्रतिक्रिया निबन्ध का रूप ले लेती है। व्यंग्य-विनोद का अद्भुत मिश्रण इन निबन्धों में होता है। सरस भाषा में लेखक का मुक्त और मस्त व्यक्तित्व पाठक को आकर्षित कर लेता है। हजारी प्रसाद द्विवेदी के 'अशोक के फूल', गुलाबराय के 'मेरी असफलताएँ',

1. 'शेष स्मृतियाँ' : डॉ. रघुवीर सिंह, पृ. 93
2. 'कदम की फूली डाल', पृ. 31-32

रामधारी सिंह 'दिनकर' के 'रेती के फूल', प्रभाकर माचवे के 'खरगोश के सींग', नामवर सिंह के 'बकलम खुद', अज्ञेय के 'सबरंग और कुछ क्षण', 'लिखि कागद कोरे', 'आलवाल', विद्यानिवास मिश्र के 'छितवन की छाँह', कदम की फूली डाल', 'तुम चन्दन हम पानी', 'आँगन का पंछी और बनजारा मन', 'मेरे राम का मुकुट भी रहा है', 'वसन्त आ गया पर कोई उत्कंठा नहीं' तथा कुबेरनाथ राय के 'प्रिया नीलकण्ठी', 'रस आखेटक' आदि निबन्ध संग्रहों में आत्मपरक निबन्धों के श्रेष्ठ उदाहरण देखे जा सकते हैं। आत्मपरक निबन्धों में लेखक और पाठक की दूरी मिट जाती है। इनमें शैली का आकर्षण और लेखक का व्यक्तित्व छाया रहता है। हजारीप्रसाद द्विवेदी के 'वसन्त आ गया है' शीर्षक निबन्ध का एक अंश देखिए—

"....कवि के आश्रम में रहता हूँ। नितान्त ठूँठ नहीं हूँ; पर भाग्य प्रसन्न न हो तो कोई क्या करे। दो कांचनार वृक्ष इस हिन्दी-भवन में हैं। एक ठीक मेरे दरवाजे पर और दूसरा मेरे पड़ोसी के। भाग्य की विडम्बना देखिए कि दोनों एक ही दिन के लगाये गये हैं। मेरा वाला ज्यादे स्वस्थ और सबल है। पड़ोसी वाला कमजोर, मरियल। परन्तु इसमें फूल नहीं आये और वह कमबख्त कन्धे पर से फूल पड़ा है।.... पढ़ता-लिखता हूँ। यही पेशा है। तो दुनिया के बारे में पोथियों के सहारे ही थोड़ा-बहुत जानता हूँ। पढ़ा है, हिन्दुस्तान के जवानों में कोई उमंग नहीं है, इत्यादि इत्यादि। इधर देखता हूँ कि पेड़-पौधे और भी बुरे हैं। सारी दुनिया में हल्ला हो गया कि वसन्त आ गया पर इन कमबख्तों को कोई खबर ही नहीं। ...मुझे बुखार आ रहा है। यह भी नियति का मजाक ही है। सारी दुनिया में हल्ला हो गया कि वसन्त आ रहा है और मेरे पास आया बुखार।"[1]

व्यंग्य और हास्य निबन्ध : इन निबन्धों में सामाजिक—धार्मिक विश्वास, परम्परा, साहित्य या सरकार आदि पर चुभता हुआ व्यंग्य प्राप्त होता है। नामवरसिंह के 'बकलम खुद', प्रभाकर माचवे के 'खरगोश के सींग' तथा अमृतराय और हरिशंकर परसाई के निबन्ध संग्रहों में इस प्रकार के निबन्ध देखे जा सकते हैं। विशुद्ध व्यंग्य प्रधान निबन्धों के अतिरिक्त हास्यप्रधान निबन्ध भी मिलते हैं। इन निबन्धों में कहीं किसी विचित्र वेशभूषा के चित्रण द्वारा, कहीं किसी काल्पनिक कवि सम्मेलन, सभा अथवा इण्टरव्यू के द्वारा, कहीं किसी काल्पनिक पुस्तक पर समालोचना लिखकर, कहीं श्लेष के द्वारा, कहीं विचित्र उपमाओं के द्वारा, कहीं शब्द चमत्कार के द्वारा तथा कहीं प्रश्न और हास्यपूर्ण उत्तरों के द्वारा हास्य पैदा किया जाता है। हिन्दी निबन्धों में शुद्ध हास्य की कमी है। फिर भी कुछ निबन्ध संग्रहों में शुद्ध हास्य के उदाहरण मिल जाते हैं।

---

1. 'अशोक के फूल', पृ. 11, 12, 13

हिन्दी निबन्ध : उद्भव और विकास

'निबन्ध' हिन्दी-गद्य-साहित्य का एक आधुनिक रूप माना जा सकता है। आधुनिक निबन्ध का सम्बन्ध प्राचीन संस्कृत-निबन्धों की परम्परा से जोड़ना उतना उचित नहीं होगा। निबन्ध का आधुनिक रूप अंग्रेजी-साहित्य के प्रभाव से विकसित हुआ है। इसके प्रचार और प्रसार में पत्र-पत्रिकाओं का विशेष हाथ रहा है। सन् 1860 से लेकर 1900 ई. तक हिन्दी की अेनक पत्र-पत्रिकाएँ प्रकाशित हुईं। 'हरिश्चन्द्र मैगजीन' (1873 ई.), 'भारत मित्र' (1877 ई.), 'हिन्दी प्रदीप' (1877 ई.), 'उचित वक्ता' (1878 ई.), 'हिन्दोस्थान' (1883 ई.), 'ब्राह्मण' (1883 ई.), 'भारत जीवन' (1884 ई.), 'हिन्दी बंगवासी' (1890 ई.), 'देवनागरी प्रचारक' (1882 ई.), और 'साहित्य सुधानिधि' (1894 ई.) आदि पत्र पर्याप्त प्रभावशाली थे। प्रारम्भिक हिन्दी निबन्ध इन्हीं पत्रों में पल्लवित हुआ। इस नवीन गद्य-विधान को अंग्रेजी 'एसे' (Essay) का समानार्थी मानकर 'निबन्ध' कहा गया। भारतेन्दु-युग तक हिन्दी-गद्य की एक सामान्य रूपरेखा निश्चित हो चुकी थी और इसके माध्यम से किसी विषय पर विचार व्यक्त किया जा सकता था। इस प्रकार भारतेन्दु-युग में ही हिन्दी-साहित्य में पहली बार निबन्ध का जन्म हुआ।[1] अंग्रेजी साहित्य में तो सोलहवीं शताब्दी के उत्तरार्द्ध से ही फ्रैंसिस बेकन की रचनाओं द्वारा निबन्ध का प्रारम्भ हो चुका था किन्तु हिन्दी में जिस प्रकार की गद्य-रचना के लिए आज हम निबन्ध शब्द का प्रयोग करते हैं, भारतेन्दु-युग से पूर्व हमें उसके दर्शन नहीं होते। 'रानी केतकी की कहानी' अथवा 'राजा भोज का सपना' आदि गद्य-रचनाओं को आधुनिक अर्थों में निबन्ध नहीं कहा जा सकता। सच बात तो यह है कि वह गद्य का शैशवकाल था। निबन्ध-रचना गद्य-साहित्य के विकास-काल में होती है।[2] आचार्य शुक्ल के शब्दों में, "भाषा की पूर्ण शक्ति का विकास निबन्धों में ही सबसे अधिक सम्भव होता है।"[3]

हिन्दी के लगभग सभी विद्वान निबन्धों की परम्परा भारतेन्दु-युग से ही स्वीकार करते हैं। किन्तु डॉक्टर लक्ष्मीसागर वार्ष्णेय निबन्ध के मूल अर्थ को

---

1. "भारतेन्दु के समय से ही निबन्धों की परम्परा हमारी भाषा में चल पड़ी थी जो उनके सहयोगी लेखकों में कुछ दिनों तक जारी रही।"

   —पं. रामचन्द्र शुक्ल : हिन्दी साहित्य का इतिहास, नवाँ संस्करण, पृ. 507

2. "गद्य-इतिहास के प्रारम्भिक काल में प्रायः निबन्ध-रचना नहीं हुआ करती। जब गद्य की शक्ति का पूर्ण विकास हो जाता है तभी निबन्धों की रचना भी सम्भव होती है। निबन्ध गद्य की प्रौढ़ता का प्रतीक है।"

   —डॉ. वार्ष्णेय : आधुनिक हिन्दी साहित्य, 1954 ई., पृ. 148

3. हिन्दी साहित्य का इतिहास, नवाँ संस्करण, पृ. 505

ग्रहण करते हुए अर्थात् निबन्ध में वैयक्तिकता पर जोर देते हुए पंडित बालकृष्ण भट्ट को हिन्दी का प्रथम निबन्ध-लेखक मानते हैं।[1] किन्तु ऐसा हम उपयुक्त नहीं मानते। वस्तुतः किसी भी नयी धारा का प्रारम्भ किसी व्यक्ति विशेष से नहीं होता। डॉ. वार्ष्णेय पंडित बालकृष्ण को हिन्दी का प्रथम निबन्धकार मानते हैं किन्तु ऐसा करने के लिए उन्हें 'निबन्ध' और 'लेख' में अन्तर करना पड़ता है। ध्यान रखने की बात है कि 'निबन्ध' और 'लेख' का यह अन्तर आज ढूँढ़ा जा रहा है। वस्तुतः भारतेन्दुजी ही वह प्रतिभा थे जिन्होंने सबसे पहले हिन्दी साहित्य के सभी अंगों पर ध्यान दिया। जिस समय में उनका आविर्भाव हुआ था, साहित्य-क्षेत्र में क्रान्ति की आवश्यकता थी। हिन्दी कविता पर रीतिकाल का जादू छाया हुआ था। न तो नाटकों की कोई निश्चित रूप-रेखा थी और न उपन्यासों की। निबन्ध का तो कहना ही क्या है। ऐसे समय में भाषा और साहित्य दोनों पर ही भारतेन्दु के प्रतिभाशाली व्यक्तित्व का प्रभाव पड़ा। निबन्ध के भी तत्त्व भारतेन्दु की ही रचनाओं में मिलते हैं। उन्हीं का विकास अन्य लेखकों में हुआ जिनकी स्पष्ट रूप-रेखा पंडित बालकृष्ण भट्ट और पंडित प्रतापनारायण मिश्र की रचनाओं में प्राप्त होती है। अस्तु, भारतेन्दु बाबू हरिश्चन्द्र से ही हिन्दी-निबन्धों की परम्परा स्वीकार की जानी चाहिए।

भारतेन्दु के प्रमुख निबन्धकारों में भारतेन्दु हरिश्चन्द्र के अतिरिक्त पं. बालकृष्ण भट्ट, प्रतापनारायण मिश्र और बद्रीनारायण चौधरी 'प्रेमघन' विशेष रूप से उल्लेखनीय हैं। इनके अतिरिक्त अम्बिकादत्त व्यास, लाला श्रीनिवास दास, राधाचरण गोस्वामी, मोहनलाल विष्णुलाल पंड्या तथा काशीनाथ खत्री आदि ने भी निबन्ध लिखे।

भारतेन्दु-युगीन निबन्धों में देशभक्ति की भावना का प्रकाशन सबसे अधिक हुआ है। इन निबन्धों में समाज-सुधार, धार्मिक रूढ़ियों का खण्डन, अंग्रेजों के अत्याचार, भारत के प्राचीन गौरव, देश की वर्तमान हीनावस्था आदि विषयों की चर्चा हुई है। उस समय देश पराधीन था। देशवासियों पर विविध प्रकार के अत्याचार होते थे। अंग्रेजों की कूटनीति के कारण फूट बढ़ती जा रही थी। देश दरिद्र हो चला था। सारी सम्पत्ति विदेशों को जा रही थी, समाज और धर्म कुरीतियों और रूढ़ियों के अड्डे हो गये थे। वृद्ध-विवाह, बालविवाह, छुआछूत आदि अनेक

---

1. ''भारतेन्दु हरिश्चन्द्र, बद्रीनारायण चौधरी 'प्रेमधन', जगमोहन सिंह, अम्बिकादत्त व्यास, राधाचरण गोस्वामी, गोविन्द नारायण मिश्र आदि अनेक लेखकों की ऐसी रचनाएँ मिलती हैं जिनमें निबन्ध के कुछ लक्षण अवश्य मिल जाते हैं किन्तु उन्हें निबन्ध न कहकर लेख कहना ही अधिक युक्तिसंगत होगा। निबन्ध-रचना के कुछ लक्षण होने पर जो निबन्ध जैसे होने चाहिए थे वैसे वहीं हैं।...अस्तु, बालकृष्ण भट्ट हिन्दी के सर्वप्रथम निबन्ध-लेखक माने या कहे जा सकते हैं।''

—आधुनिक हिन्दी साहित्य, पृ. 133

भयंकर रोग समाज में प्रवेश कर गये थे। ऐसी स्थिति में भारतेन्दु-युग के चेतन साहित्यकार इन समस्याओं से आँख बन्द करके कैसे बैठ सकते थे? यही कारण है कि इस युग के साहित्यकार राजनैतिक नेता और समाजसुधारक के रूप में भी दिखलाई पड़ते हैं।

इस युग के प्रायः सभी निबन्धकार पत्रकार भी थे। पंडित बालकृष्ण भट्ट ने 'हिन्दी प्रदीप' और पंडित प्रतापनारायण मिश्र ने 'ब्राह्मण' का सम्पादन किया। अन्य निबन्धकार भी पत्र-पत्रिकाओं में लिखते थे। यही कारण है कि इस युग का साहित्य जन-जीवन के अधिक समीप है। लेखक पाठक से अपना निकट सम्बन्ध बनाये रखता है। इस युग के निबन्धों में व्यक्तित्व की छाप स्पष्ट रूप से देखी जा सकती है। इन निबन्धों में एक अजीब मस्ती, जिन्दादिली, तथा हास्य-व्यंग्य मिलता है। इन निबन्धों में एक विशेष प्रकार की सजीवता, रोचकता और उल्लास के दर्शन होते हैं। भारतेन्दु-युग तक अभी हिन्दी-गद्य को प्रौढ़ता नहीं प्राप्त हो सकी थी। गद्य के इस शैशवकाल में निबन्धों की इतनी उन्नति उल्लेखनीय है। इन निबन्धकारों की दृष्टि व्यापक और उदार थी। उनके निबन्ध युग के नवजागरण का परिचय देते हैं।

विषय की दृष्टि से इस युग के निबन्ध दो प्रकार के हैं–(1) देश की सामाजिक, राजनैतिक, आर्थिक और धार्मिक अवस्था को विषय बनाकर लिखे गये निबन्ध। (2) इतिहास, विज्ञान, साहित्य, मनोभाव आदि पर लिखे गये गम्भीर निबन्ध। पहले प्रकार के निबन्धों में सामयिक परिस्थितियों का चित्रण है और उनमें देशभक्ति का स्वर प्रधान है। न केवल विषय वरन् शैली भी युग से प्रभावित होती है। विभिन्न सामाजिक कुरीतियों और अंग्रेजी सभ्यता पर बौछार करते समय इन लेखकों की शैली व्यंग्यात्मक हो गयी है। ये लेखक साधारण जनता तक अपने विचारों को पहुँचाना चाहते थे। अतः इनकी शैली सरस और सुबोध है। व्यंग्य के बीच-बीच में खिल्ली उड़ाते समय विनोद की प्रधानता है। इन निबन्धों की भाषा-शैली शिवप्रसाद सितारे हिन्द और राजा लक्ष्मणसिंह के बीच की शैली है। निष्कर्ष रूप में हम कह सकते हैं कि गद्य के शैशवकाल में इन लेखकों को निबन्ध-रचना में जो सफलता मिली वह किसी दूसरे युग की उपलब्धि से कम नहीं है।

द्विवेदी युग के निबन्धकारों में पं महावीरप्रसाद द्विवेदी के अतिरिक्त बाबू बालमुकुन्द गुप्त, माधवप्रसाद मिश्र, गोविन्दनारायण मिश्र, डॉ. श्यामसुन्दरदास, पं. पद्मसिंह शर्मा, सरदार पूर्णसिंह, चन्द्रधर शर्मा गुलेरी प्रमुख हैं। इनके अतिरिक्त मिश्रबन्धु, गोपालराम गहमरी, गंगाप्रसाद अग्निहोत्री, माधवराव सप्रे, जगन्नाथप्रसाद चतुर्वेदी, डॉक्टर पीताम्बरदत्त बड़थ्वाल तथा पदुमलाल पुन्नालाल बख्शी आदि के नाम भी उल्लेखनीय हैं। भारतेन्दु-युग में भाषा प्रौढ़ नहीं हुई थी। व्याकरण के नियम स्थिर नहीं थे। भाषा का स्वरूप

द्विवेदीयुग में निश्चित हुआ। भाषा के परिमार्जन से गद्य-शैली में प्रौढ़ता आयी। पं. महावीर प्रसाद द्विवेदी ने भाषा और शैली की अव्यवस्था को दूर किया।

द्विवेदी-युग के निबन्धों में विषय वैविध्य मिलता है। साहित्य, भाषा, पुरातत्त्व, विज्ञान, भूगोल, दर्शन आदि सभी विषयों पर निबन्ध लिखे गये हैं। इनमें भी साहित्य, भाषा और व्याकरण से सम्बन्धित निबन्ध अधिक हैं। विचारात्मक निबन्धों में कुछ तो सामान्य विषयों पर हैं और कुछ मनोभावों पर। द्विवेदी युग के बाद मनोविकारों पर लिखे गये आचार्य शुक्ल के निबन्ध अप्रतिम हैं। भावात्मक निबन्धों में सरदार पूर्णसिंह के निबन्ध अपना विशेष महत्त्व रखते हैं। इस प्रकार भारतेन्दु-युग में निबन्धों की जो परम्परा शुरू हुई थी वह द्विवेदी-युग और बाद में पूर्ण रूप से विकसित हुई। निबन्धों की भाषा में भी प्रौढ़ता आयी।

वर्तमान काल में प्रकाशित हिन्दी-निबन्ध-साहित्य को देखने से स्पष्ट पता चलता है कि इस काल का हिन्दी-निबन्ध-साहित्य सभी दृष्टियों से पर्याप्त समृद्ध है। इस काल में विविध विषयों और शैलियों में प्रचुर मात्रा में निबन्ध लिखे गये हैं। इस अवधि में विचारात्मक और आत्मपरक(वैयक्तिक) दोनों प्रकार के निबन्धों की रचना अधिक हुई है। विचारात्मक निबन्धों के क्षेत्र में साहित्य की सैद्धान्तिक और व्यावहारिक समीक्षाएँ अधिक प्रसतुत हुई हैं। इन निबन्धों में चरम बौद्धिक उत्कर्ष प्राप्त होता है। इस प्रकार के निबन्धों में डॉ. हजारीप्रसाद द्विवेदी, नन्ददुलारे वाजपेयी, डॉ. नगेन्द्र, डॉ. रामविलास शर्मा, मुक्तिबोध, नामवरसिंह, निर्मल वर्मा, नेमिचन्द्र जैन आदि के नाम उल्लेखनीय हैं। किन्तु इस काल के विचारात्मक निबन्धों में आचार्य शुक्ल की भाँति भावों या मनोविचारों पर साहित्यिक निबन्ध नहीं प्रस्तुत हो सके। ऐसे निबन्ध बहुत थोड़े दिखाई पड़ते हैं। बाबू गुलाबराय के 'मन की बातें' (1954 ई.) में कुछ मनोवैज्ञानिक निबन्ध हैं किन्तु वे भी शुक्ली जी की परम्परा से पृथक हैं। इस युग में साहित्य के अतिरिक्त कला और संस्कृति से सम्बन्धित निबन्ध भी अधिक लिखे गये हैं। महादेवी वर्मा, डॉ. हजारीप्रसाद द्विवेदी, डॉ. वासुदेवशरण अग्रवाल, डॉ. भगवतशरण उपाध्याय और डॉ. सम्पूर्णानन्द के निबन्धों में कला और संस्कृति पर अधिक विचार हुआ है। इस कला में उपयोगी विषयों जैसे मनोविज्ञान, दर्शन, इतिहास, राजनीति, पुरातत्त्व आदि पर भी गम्भीर और तथ्यपरक निबन्ध काफी लिखे गये हैं। भावात्मक निबन्धों के क्षेत्र में रायकृष्णदास, वियोगीहरि, माखनलाल चतुर्वेदी और डॉ. रघुवीर सिंह का नाम सबसे ऊपर है। आत्मव्यंजक(ललित) निबन्धों की जो परम्परा भारतेन्दु युग में पंडित प्रतापनारायण मिश्र आदि निबन्धकारों से चली थी और जो द्विवेदीयुगीन निबन्धों में प्रायः सूख-सी गयी थी उसका भी पूर्ण विकास इस काल में हुआ। डॉ. हजारीप्रसाद द्विवेदी, अज्ञेय, रामधारीसिंह 'दिनकर', जैनेन्द्रकुमार, प्रभाकर माचवे, विद्यानिवास मिश्र, कुबेरनाथ राय, शिवप्रसाद सिंह, आदि ने न केवल ललित निबन्धों की परम्परा को आगे बढ़ाया है बल्कि निबन्ध-लेखन के

क्षेत्र में विविध प्रयोग भी किये हैं और अपनी समर्थ लेखनी के द्वारा हिन्दी निबन्ध को एक नयी दिशा और विशिष्ट गौरव प्रदान किया है।

इस प्रकार स्पष्ट है कि वर्तमान काल का निबन्ध-साहित्य सभी दृष्टियों से समृद्ध हुआ है। फिर भी हिन्दी में इस विधा का विकास अभी कुछ कम ही हुआ है। प्रायः ऐसे निबन्ध अधिक मिलते हैं जो आलोचनात्मक हैं। ललित या आत्मपरक निबन्ध अभी ज्यादा नहीं लिखे गये हैं।

संकलित निबन्ध

होली है

—प्रतापनारायण मिश्र

तुम्हारा सिर है! यहाँ दरिद्र की आग के मारे होला (अथवा होरा भुना हुआ और हरा चना) हो रहे हैं इन्हें होली है, हें!

अरे कैसे मनहूस हो? बरस-बरस का त्योहार है, उसमें भी वही रोनी सूरत! एक ही बार तो प्रसन्न होकर बोलो होली है!

अरे, भाई, हम पुराने समय के बंगाली भी तो नहीं हैं कि तुम ऐसे मित्रों की जबरदस्ती से होरी (हरि) बोल के शान्त हो जाते। हम तो बीसवीं शताब्दी के अभागे हिन्दुस्तानी हैं, जिन्हें कृषि, वाणिज्य, शिल्प सेवादि किसी में भी कुछ तन्त नहीं है। खेतों की उपज, अतिवृष्टि, अनावृष्टि जंगलों का कट जाना, रेलों और नहरों की वृद्धि इत्यादि ने मिट्टी कर दी है। जो कुछ उपजता भी है, वह कटकर खलिहान में नहीं आने पाता, ऊपर ही ऊपर लद जाता है। रुजगार-व्यवहार में कहीं कुछ दीख ही नहीं पड़ता। जिन बाजारों में, अभी दस वर्ष भी नहीं हुए, कंचन बरसता था वहाँ अब दुकानें भाँय-भाँय होती है। देशी कारीगरों को देश ही वाले नहीं पूछते। विशेषतः जो छाती ठोंक-ठोंक ताली बजवा-बजवा कागजों के तख्ते रँग-रँगकर देशहित के गीत गाते फिरते हैं, यह और भी देशी वस्तु का व्यवहार करना अपनी शान से बईद समझते हैं। नौकरी बी.ए., एम.ए. पास करने वालों को भी उचित रूप में मुश्किल से मिलती है। ऐसी दशा में होली सूझती है कि दीवाली!

यह ठीक है, पर यह भी सोचो कि हम-तुम वंशज किनके हैं? उन्हीं के न, जो किसी समय बसन्त पंचमी ही से—

'आई माघ की पांचैं बूढ़ी डोकरिया नाचै'

का उदाहरण बन जाते थे, पर जब इतनी सामर्थ्य न रही तब शिवरात्रि से होलिकोत्सव का आरम्भ करने लगे। जब इसका भी निर्वाह कठिन हुआ, तब फागुन सुदी अष्टमी से—

'होरी मध्ये आठ दिन ब्याह माँह दिन चार।
शठ पंडित वेश्या वधू सवै भये इकसार।।'

का नमूना दिखलाने लगे। पर उन्हीं आनन्दमय पुरुषों के वंश होकर तुम ऐसे मुहर्रमी बन जाते हो कि आज तिवहार के दिन भी आनन्द-बदन से होली का शब्द तक उच्चारण नहीं करते। सच कहो, कहीं होली बाइबिल की हवा लगने से हिन्दूपन को सलीग पर तो नहीं चढ़ा दिया?

तुम्हें आज क्या सूझी है, जो अपन-पराय सभी पर मुँह चला रहे हो? 'होली बाइबिल' अन्य धर्म का ग्रन्थ है, उसके मानने वाले बिचारे पहिले से ही तुम्हारे साथ का भीतरी-बाहिरी सम्बन्ध छोड़ देते हैं। पहिली उमंग में कुछ दिन तुम्हारे मत पर कुछ चोट भी चला दिया करते थे, पर अब बरसों से वह चर्चा भी न होने के बराबर हो गयी है। फिर उन छूटे हुए भाइयों पर क्यों बौछार करते हो? ऐसी लड़ास लगी हो तो उनसे जा भिड़ो जो अभी तुम्हारे ही कहलाते हैं, तुम्हारे ही साथ रोटी-बेटी का व्यवहार रखते हैं, तुम्हारे ही दो-चार मान्य ग्रन्थों के मानने वाले बनते हैं, पर तुम्हारे ही देवता-पितर इत्यादि की निन्दा करके तुम्हें चिढ़ाने में ही अपना धर्म और अपने देश की उन्नति समझते हैं।

अरे राम राम! पर्व के दिन कौन चरचा चलाते हो! हम तो जानते थे कि तुम्हीं मनहूस हो, पर तुम्हारे पास बैठे सो भी नसूढ़िया हो जाय। अरे बाबा दुनियाभर का बोझा परमेश्वर ने तुम्हीं को नहीं लदा दिया। यह कारखाने हैं, भले-बुरे लोग और दुख-सुख की दशा होती-हुबाती रहती है। पर मनुष्य को चाहिए कि जब जैसे पुरुष और समय का सामना आ पड़े तब तैसो बन जाय। मन को किसी झगड़े में न फँसने दे।

आज तुम कहीं से सचमुच भांग खा के आये हो, इसी से ऐसी बे सिर-पैर की हाँक रहे हो। अभी कल तक प्रेम-सिद्धान्त के अनुसार यह सिद्ध करते थे कि मन का किसी ओर लगा रहना ही कल्याण का कारण है और इस समय कह रहे हो कि 'मन को किसी झगड़े में न फँसने दे'। भला तुम्हारी किस बात को मानें?

हमारी बात मानने का मन करो तो कुछ हो ही न जाओ। यही तो तुमसे नहीं होता। तुम तो जानते हो कि हम चोरी-चहारी सिखावेंगे।

नहीं यह तो नहीं जानते। और जानते भी हों तो बुरा नहीं मानते, क्योंकि जिस काल में देश का अधिकांश निर्धन, निर्बल, निरुपाय हो रहा है, उसमें यदि कुछ लोग 'बुभुक्षितः किं न करोति पापं' का उदाहरण बन जाएँ तो कोई आश्चर्य नहीं है। पर हाँ, यह तो कहेंगे कि तुम्हारी बातें कभी-कभी समझ में नहीं आतीं। इससे मानने को जी नहीं चाहता।

यह ठीक है, पर याद रक्खो कि हमारी बातें मानने का मानस करोगे, तो समझ में भी आने लगेंगी और प्रत्यक्ष फल भी देंगी।

अच्छा साहब मानते हैं, पर यह तो बतलाइए जब हम मानने के योग्य ही नहीं हैं, तो कैसे मान सकते हों?

छिः क्या समझा है! अरे बाबा! हमारी बातें मानने में योग्य होना और सकना

आवश्यक नहीं है। जो बातें हमारे मुँह से निकलती हैं, वह वास्तव में हमारी नहीं हैं और उसके मानने की योग्यता और शक्ति हमको तुमको क्या, किसी को भी तीनों लोक और तीनों काल में नहीं है। पर इसमें भी सन्देह न करना कि जो कोई चुपचाप आँखें मींचकर मान लेता है; वह परमानन्द-भागी हो जाता है।

हिहि! ऐसी बातें मानने कौन आता है; पर सुनकर परमानन्द तो नहीं, हाँ, मसखरेपन का कुछ मजा जरूर पा जाता है!

भला हमारी बातों में तुम्हारे मुँह से हिहि तो निकली! इस तोबड़ा से लटके हुए मुँह के समान दो-तीन दाँत तो निकले! और नहीं तो मसखरेपन ही का सही मजा तो आया! देखो, मट्टी के तेल की रोशनी और कुल्हिया के ऐनक की चमक से चौंधिया न गयी हों तो देखो! छत्तिसौ जात, बरंच अजात के झूठे गिलास की मदिरा तथा भच्छ-अभच्छ की गन्ध से अक्किल भाग न गयी हो तो समझो। हमारी बातें सुनने में इतना फल पाया है तो मानने में न जाने क्या प्राप्त हो जायगा। इसी से कहते हैं, भैया मान जाव, राजा मान जाव, मुन्ना मान जावो। आज मन मार के बैठे रहने का दिन नहीं है। पुरखों के प्राचीन सुख-सम्पत्ति को स्मरण करने का दिन है। इससे हँसो, बोलो, गाओ, बजाओ, त्योहार मनाओ, सबसे कहते फिरो–'होली है।'

हो तो ली ही है। नहीं तो अब रही क्या गया है?

खैर, जो कुछ रह गया, उसी के रखने का यत्न करो, पर अपने ढंग से, न कि विदेशी ढंग से। स्मरण रक्खो कि जब तक उत्साह के साथ अपनी ही रीति-नीति का अनुसरण न करोगे, तब तक कुछ न होगा! अपनी बातों को बुरी दृष्टि से देखना पागलपन है। रोना निस्साहसों का काम है। अपनी भलाई अपने हाथ से हो सकती है। माँगने पर कोई नित्य डबल रोटी का टुकड़ा भी न देगा। इससे अपनापन मत छोड़ो। कहना मान जाव। आज होली है।

हाँ, हमारा हृदय तो दुर्दैव के वाणों से पूर्णतया होली ('होल' अंगरेजी में छेद को कहते हैं, उससे युक्त) है! हमें तुम्हारी-सी जिन्दादिली (सहृदयता) कहाँ से सूझे?

तो सहृदयता के बिना कुछ आप कर भी नहीं सकते, यदि कुछ रोए-पीटे दैवयोग से हो भी जायगा तो 'नकटा जिया बुरे हवाल' का लेखा होगा। इससे हृदय में होल (छेद) हैं, तो उन पर साहस की पट्टी चढ़ाओ। मृतक की भाँति पड़े-पड़े काँखने से कुछ न होगा। आज उछलने और कूदने का दिन है। सामर्थ्य न हो तो चलो किसी होली (मद्यालय) के थोड़ी-सी पिला लावें, जिसमें कुछ देर के लिए होली के काम के हो जाओ, यह नेस्ती काम की नहीं।

वाह तो क्या मदिरा पिलाना चाहते हो?

यह कलजुग है। बड़े-बड़े वाजपेयी पीते हैं। पीछे से बल, बुद्धि, धर्म, धन, मान, प्रान सब स्वाहा हो जाय तो बला से! पर थोड़ी देर उसकी तरंग में 'हाथी मच्छर, सूरज जुगनू' दिखाई देता है। इससे और मनोविनोद में, उसके सेवकों के लिए

कभी-कभी उसका सेवन कर लेना इतना बुरा नहीं है जितना मृतचित्त बन बैठना। सुनिए! संगीत, साहित्य, सुरा और सौन्दर्य के साथ यदि नियमविरुद्ध बरताव न किया जाय तो मन की प्रसन्नता और एकाग्रता से कुछ न कुछ लाभ अवश्य होता है और सहृदयता की प्राप्ति के लिए इन गुणों की आवश्यकता है, जिनके बिना जीवन की सार्थकता दुःसाध्य है।

बलिहारी है, महाराज इस क्षणिक बुद्धि की। अभी तो कहते थे कि मन को किसी झगड़े में फँसने न देना चाहिए और अभी कहने लगे कि मन की एकाग्रता के बिना सहृदयता तथा सहृदयता के बिना जीवन की सार्थकता दुःसाध्य है। धन्य है, सरगा-पताली बातें। भला हम आपको अनुरागी समझें या बिरागी?

अरे हम तो जो हैं, वही हैं, तुम्हें जो समझना हो, समझ लो। हमारी कुछ हानि नहीं है। पर यह सुन रक्खो, सीख रक्खो, समझ रक्खो कि अनुराग और विराग वास्तव में एक ही हैं। जब तक एक ओर अचल अनुराग न होगा तब तक जगत के खटराग में विराग नहीं हो सकता और जब तक सब ओर आन्तरिक विराग न हो जाय, तब तक अनुराग का निर्वाह सहज नहीं है। इसी से कहते हैं कि हमारी बातें चुपचाप मान ही लिया करो, बहुत अक्किल को दौड़ा-दौड़ा के थकाया न करो। इसी में आनन्द भी आता है और हृदय का कपाट भी खुल जाता है। साधारण बुद्धि वाले लोग भगवान भूतनाथ श्मशान-विहारी, मुंडमालाधारी को वैराग्य का अधिष्ठाता समझते हैं, पर वह आठों पहर अपनी प्यारी पर्वतराज-नंदिनी को वामांग ही में धारण किये रहते हैं और प्रेमशास्त्र के आचार्य हैं। इसी प्रकार भगवान कृष्णचन्द्र को लोग शृंगार रस का देवता समझते हैं, पर उनकी निर्लिप्तता गीता में देखनी चाहिए जिसे सुना के उन्होंने अर्जुन का मोह-जाल छुड़ा के वर्तमान कर्तव्य के लिए ऐसा दृढ़ कर दिया था कि उन्होंने सबकी दया-माया, मोह-ममता को तिलांजलि देके मारकाट आरम्भ कर दी थी। इन बातों से तत्त्वग्राहिणी समझ भली-भाँति समझ सकती है कि भगवान प्रेमदेव की अनन्त महिमा है। वहाँ अनुराग-विराग, सुध-दुःख, मुक्ति-साधन सब एक ही हैं। इसी से सच्चे समझदार संसार में रहकर सब कुछ देखते, सुनते, करते, भरते हुए भी संसारी नहीं होते। केवल अपनी मर्यादा में बने रहते हैं और अपनी मर्यादा वही है जिसे सनातन के समस्त पूर्व-पुरुष रक्षित रखते आये हैं और उनके सुपुत्र सदा मानते रहेंगे। काल, कर्म, ईश्वर, अनुकूल हो या प्रतिकूल, सारा संसार स्तुति करे या निन्दा, बाह्य दृष्टि से लाभ दीख पड़े या हानि, पर वीर पुरुष वही है जो कभी कहीं किसी दशा में अपनेपन से स्वप्न में भी विमुख न हो। इस मूल मन्त्र को भूल के भी न भूले कि जो हमारा है, वही हमारा है। उसी से हमारी शोभा है और उसी से हमारा वास्तविक कल्याण है।

तदनुसार आज हमारी होली है। चित्त शुद्ध करके वर्षभर की कही-सुनी क्षमा करके, हाथ जोड़ के, पाँव पड़के, मित्रों को मना के, बाँहें पसार के उनसे मिलने और

यथासामर्थ्य जी खोल के परस्पर की प्रसन्नता सम्पादन करने का दिन है। जो लोग प्रेम का तत्त्व तनिक भी नहीं समझते, केवल स्वार्थसाधन ही को इतिकर्तव्य समझते हैं, पर हैं अपने ही देश-जाति के, उनसे घृणा न करके ऊपरी आमोद-प्रमोद में मिला के, समयान्तर में मित्रता का अधिकारी बनाने की चेष्टा करने का त्योहार है। जो निष्प्रयोजन हमारी बात-बात पर मुकरते ही हों, उन्हें अपने भाग्य के अधीन छोड़ के अपनी मौज में मस्त रहने का समय है। इसी से कहते हैं, नयी बहू की नाईं घर में न घुसे रहो, पर्व के दिन मन मार के न बैठो, घर-बाहर, हेती-व्यौहारी से मानसिक आनन्द के साथ कहते फिरो–'हो ओ ली ई ई ई है।'

कवि-कर्तव्य

—महावीरप्रसाद द्विवेदी

कवि-कर्तव्य से हमारा अभिप्राय हिन्दी के कवियों के कर्तव्य से है। समय और समाज की रुचि के अनुसार सब बातों का विचार करके हम यह लिखना चाहते हैं कि कवि का कर्तव्य क्या है। अपने मनोगत विचारों को हम थोड़े ही लिखना चाहते हैं।

अतः इस लेख को हम चार ही भागों में विभक्त करेंगे, अर्थात्—छन्द, भाषा, अर्थ और विषय। इन्हीं की यथाक्रम हम समीक्षा आरम्भ करते हैं।

छन्द

गद्य और पद्य दोनों ही में कविता हो सकती है। यह समझना अज्ञानता की पराकाष्ठा है कि जो छन्दोबद्ध है सभी काव्य है। कविता का लक्षण जहाँ कहीं पाया जाय, चाहे वह गद्य में हो चाहे पद्य में वही काव्य है। लक्षणहीन होने से कोई भी छन्दोबद्ध लेख काव्य नहीं कहलाए जा सकते और लक्षणयुक्त होने से सभी गद्य-बन्ध काव्य-कक्ष में सन्निविष्ट किये जा सकते हैं, गद्य में विषय में कोई विशेष निर्दिष्ट करने की उतनी आवश्यकता नहीं के, जितनी पद्य के विषय में है। इसलिए हम यहाँ पर पद्य ही का विचार करेंगे। भाषा, अर्थ और विषय के सम्बन्ध में जो कुछ हम कहेंगे वह गद्य के सम्बन्ध में भी, प्रायः समानभाव से प्रयुक्त हो सकेगा।

जिन पंक्तियों में वर्णों या मात्राओं की संख्या नियमित होती है, वे छन्द कहाती हैं, और छन्दों में जो कुछ कहा जाता है, वह पद्य कहलाता है। कोई-कोई छन्द और पद्य दोनों को एक ही अर्थ का वाचक मानते हैं।

जो सिद्ध कवि हैं वे चाहे जिस छन्द का प्रयोग करें, उनका पद्य अच्छा ही होता है, परन्तु सामान्य कवियों के विषय के अनुकूल छन्द योजना करनी चाहिए। जैसे समयविशेष में रागविशेष के गाये जाने से चित्त अधिक चमत्कृत होता है, वैसे ही वर्णन के अनुकूल वृत्त-प्रयोग करने से कविता का आस्वादन करने वालों को अधिक आनन्द मिलता है। गले में डाली हुई मेखला के समान वृत्त-रूपिणी हार-लता को अनुचित स्थान में विनिवेशित करने से कवि की अज्ञानता दर्शित होती है। इस लेख

में हम इस बात का विवेचन नहीं करना चाहते कि किस विषय के लिए कौन-सा छन्द प्रयोग में लाना चाहिए। काव्य के मर्मज्ञ निपुण कवि स्वयमेव जान सकते हैं कि कौन-सा छन्द कहाँ विशेष शोभावर्धक होगा। प्राचीन संस्कृत कवि इसका पूरा-पूरा विचार रखते थे। उन्होंने ऋतुओं का वर्णन प्रायः उपजाति छन्द में किया है, नीति का वंशस्थ में किया है, चन्द्रोदयादि का रथोद्धता में किया है, वर्षा और प्रवास का मन्दाक्रान्ता में किया है और स्तुति, शौर्य आदि का शार्दूल-विक्रीड़ित और शिखरिणी में किया है। यही नहीं; वृत्त-रचना में छन्दशास्त्र के नियमों के अतिरिक्त वे लोग और-और विषयों का भी ध्यान रखते थे। दोधक-वृत्त का लक्षण तीन भगण और दो गुरु हैं। इस नियम का प्रतिपालन करते हुए वे तीन ही तीन अक्षर वाले शब्द-प्रयोग करते थे, जिससे छन्द की शोभा विशेष बढ़ जाती थी। तोटक में वे रूखे अक्षर वाले ही शब्द रखते थे, क्योंकि ऐसे अक्षर वाले शब्दों से संगठित हुआ तोटक, ताल की द्रुतगति के समान, मन को सविशेष आनन्द प्रदान करता है। हिन्दी के कवियों को भी इन बातों का विचार करना चाहिए।

दोहा, चौपाई, सोरठा, घनाक्षरी, छप्पय और सवैया आदि का प्रयोग हिन्दी में बहुत हो चुका। कवियों को चाहिए कि यदि वे लिख सकते हैं, तो इनके अतिरिक्त और-और भी छन्द भी लिखा करें। हम यह नहीं कहते कि ये छन्द नितान्त परित्यक्त ही कर दिए जाएँ। हमारा अभिप्राय यह है कि इनके साथ-साथ संस्कृत-काव्यों में प्रयोग किए गये वृत्तों में से दो-चार उत्तमोत्तम वृत्तों का भी प्रचार हिन्दी में किया जाय। इन वृत्तों में द्रुतविलम्बित, वंशस्थ और वसन्ततिलका आदि वृत्त ऐसे हैं जिनका प्रचार हिन्दी में होने से हिन्दी-काव्य की विशेष शोभा बढ़ेगी। किसी-किसी ने इन वृत्तों का प्रयोग भी आरम्भ कर दिया है। यह सूचना उन्हीं लोगों के लिए है जो सब प्रकार के छन्द लिखने में समर्थ है, जो घनाक्षरी और दोहे अथवा चौपाई की सीमा उल्लंघन करने में असमर्थ हैं उनके लिए नहीं।

आजकल की बोलचाल की हिन्दी की कविता उर्दू के विशेष प्रकार के छन्दों में अधिक खुलती है, अतः ऐसी कविता लिखने में तदनुकूल छन्द प्रयुक्त होने चाहिए।

कुछ-कुछ कवियों को एक ही प्रकार का छन्द सध जाता है, उसे ही वे अच्छा लिख सकते हैं। उनको दूसरे प्रकार का छन्द लिखने का प्रयत्न भी नहीं करना चाहिए। यदि कविता सरस और मनोहारिणी है, तो चाहे वह एक ही अथवा बुरे से बुरे छन्द में क्यों न हो उससे आनन्द अवश्य ही मिलता है। तुलसीदास ने चौपाई और बिहारीलाल ने दोहा लिखकर ही इतनी कीर्ति सम्पादन की है। प्राचीन कवियों को भी किसी-किसी वृत्त से समधिक स्नेह था। वे अपने आदृत वृत्त ही को अधिक काम में लाते थे और उनमें उनकी कविता खुलती भी अधिक थी। भारवि का वंशस्थ, रत्नाकर की वसन्ततिलका, भवभूति और जगन्नाथराय की शिखरिणी, कालिदास की मन्दाक्रान्ता और राजशेखर का शार्दूलविक्रीड़ित इस विषय में प्रमाण हैं।

पादान्त में अनुप्रास-हीन छन्द भी हिन्दी में लिखे जाने चाहिए। इस प्रकार के छन्द जब संस्कृत, अंग्रेजी और बँगला में विद्यमान हैं, तब कोई कारण नहीं कि हमारी भाषा में वे न लिखे जाएँ। संस्कृत ही हिन्दी की माता है। संस्कृत का सारा कविता साहित्य इस तुकबन्दी बखेड़े से बहिर्गत-सा है। अतएव इस विषय में यदि हम संस्कृत का अनुकरण करें, तो सफलता की पूरी-पूरी आशा है। अनुप्रासयुक्त पादान्त सुनते-सुनते हमारे कान उस प्रकार की पंक्तियों के पक्षपाती हो गये हैं। इसलिए अनुप्रास-हीन रचना अच्छी नहीं लगती। बिना तुकवाली कविता के लिखने अथवा सुनने का अभ्यास होते ही वह भी अच्छी लगने लगेगी, इसमें कोई सन्देह नहीं। अनुप्रास और यमक आदि शब्दाडम्बर कविता के आधार नहीं, जो उनके न होने से कविता निर्जीव हो जाय, या उससे कोई अपरिमेय हानि पहुँचे, कविता का अच्छा या बुरा होना विशेषतः अच्छे अर्थ और रस-बाहुल्य पर अवलम्बित है। परन्तु अनुप्रासों के ढूँढ़ने का प्रयास उठाने में समुचित शब्द न मिलने से अर्थांश की हानि हो जाया करती है, इससे कविता की चारुता नष्ट हो जाती है। अनुप्रासों का विचार न करने से कविता लिखने में सुगमता भी होती है और मनोऽभिलबित अर्थ व्यक्त करने में विशेष कठिनाई भी नहीं पड़ती। अतएव पादान्त में अनुप्रास-हीन छन्द हिन्दी में लिखे जाने की बड़ी आवश्यकता है। संस्कृत में प्रयोग किये गये शिखरिणी, वंशस्थ और वसन्ततिलका आदि वृत्त ऐसे हैं, जिनमें अनुप्रास का न होना काव्य-रसिकों को बहुत ही कम खटकेगा। पहले-पहल इन्हीं वृत्तों का प्रयोग होना चाहिए।

किसी भी प्रचलित परिपाटी का क्रम-भंग होता देख प्राचीनता के पक्षपाती खड़े होते हैं और नयी चाल के विषय में नाना प्रकार की कुचेष्टाएँ और दोषोद्भावनाएँ करने लगते हैं, यह स्वाभाविक बात है। परन्तु यदि इस प्रकार की टीकाओं से लोग डरते, तो संसर से नवीनता का लोप हो जाता। हमारा यह मतलब नहीं कि पादान्त में अनुप्रास वाले छन्द लिखे ही न जाया करें। हमारा कथन इतना ही है कि इस प्रकार के छन्दों के साथ अनुप्रासहीन छन्द भी लिखे जाएँ, बस।

भाषा

कवि को ऐसी भाषा लिखनी चाहिए जिसे सब कोई सहज में समझ ले और अर्थ को हृदयंगम कर सके। पद्य पढ़ते ही उसका अर्थ बुद्धिस्थ हो जाने से विशेष आनन्द प्राप्त होता है और पढ़ने में जी लगता है। परन्तु जिस वाक्य का भावार्थ कठिनता से समझ में आता है, उसके अवलोकन में जी नहीं लगता और बराबर अर्थ का विचार करते-करते उससे विरक्ति हो जाती है। जो कुछ लिख जाता है, वह इसी अभिप्राय से लिखा जाता है कि लेखक का हृद्गत भाव दूसरे समझ जाएँ। यदि

इस उद्देश्य की ही सफलता न हुई, तो लिखना ही व्यर्थ हुआ। अतएव क्लिष्ट की अपेक्षा सरल लिखना ही सब प्रकार से वांछनीय है। कालिदास, भवभूति और तुलसीदास के काव्य सरलता के आकार हैं; परम विद्वान होकर भी उन्होंने सरलता ही को विशेष मान दिया है, इसलिए उनके काव्यों का इतना आदर है। जो काव्य सर्वसाधारण की समझ के बाहर होता है, वह बहुत कम लोकमान्य होता है। कवियों को इसका सदैव ध्यान रखना चाहिए।

कविता लिखने में व्याकरण के नियमों की अवहेलना न करनी चाहिए। शुद्ध भाषा का जितना मान होता है अशुद्ध का उतना नहीं होता। व्याकरण का विचार न करना कवि की तद्विषयक अज्ञानता का सूचक है। कोई-कोई कवि व्याकरण के नियमों की ओर दृक्पात तक नहीं करते। यह बड़े खेद और लज्जा की बात है। ब्रजभाषा की कविता में कविजन मनमानी निरंकुशता दिखलाते हैं। यह उचित नहीं। जहाँ तक सम्भव हो, शब्दों का मूल रूप न बिगड़ना चाहिए।

मुहाविरे का भी विचार रखना चाहिए। बेमुहाविरा-भाषा अच्छी नहीं लगती। 'क्रोध क्षमा कीजिए' इत्यादि वाक्य कान को अतिशय पीड़ा पहुँचाते हैं। मुहाविरा भी भाषा का प्राण है; उसे जिसने नहीं जाना, उसने कुछ नहीं जाना। उसकी भाषा कदापि आदरणीय नहीं हो सकती।

विषय के अनुकूल शब्द स्थापना करनी चाहिए। कविता एक अपूर्व रसायन है। उसके रस की सिद्धि के लिए बड़ी सावधानी, बड़ी मनोयोगिता और बड़ी चतुराई आवश्यक होती है। रसायन सिद्ध करने में आँच के न्यूनाधिक होने से जैसे रस बिगड़ जाता है, वैसे ही यथोचित शब्दों का उपयोग न करने से काव्यरूपी रस भी बिगड़ जाता है। किसी-किसी स्थल-विशेष पर रूक्षाक्षर वाले शब्द अच्छे लगते हैं, परन्तु और सर्वत्र ललित और मधुर शब्दों का ही प्रयोग करना उचित है। शब्द चुनने में अक्षर-मैत्री का विशेष विचार रखना चाहिए। अच्छे अर्थ का द्योतक न होकर भी कोई-कोई पद्य केवल अपनी मधुरता ही से पढ़ने वालों के अन्तःकरण को द्रवीभूत कर देता है। 'टूटत उड़ु बैठे तरु जाई' इत्यादि वाक्य लिखना हिन्दी की कविता को कलंकित करना है।

शब्दों को यथा-स्थान रखना चाहिए। शब्द-स्थापना ठीक न होने से कविता की दुर्दशा होती है और अर्थांश में जो क्लिष्टता आ जाती है, उसके उदाहरण 'हिन्दी-कालिदास की समालोचना' में दिये जा चुके हैं।

गद्य और पद्य की भाषा पृथक्-पृथक् न होनी चाहिए। हिन्दी ही एक ऐसी भाषा है, जिसके गद्य में एक प्रकार की और पद्य में दूसरे प्रकार की भाषा लिखी जाती है। सभ्य-समाज की जो भाषा हो उसी भाषा में गद्य-पद्यात्मक साहित्य होना चाहिए। गद्य का प्रचार हिन्दी में थोड़े दिनों से हुआ है। पहले गद्य प्रायः न था, हमारा साहित्य केवल पद्यमय था। गद्य-साहित्य की उत्पत्ति के पहले पद्य में ब्रजभाषा का

ही सार्वदेशिक प्रयोग होता था। अब कुछ अन्तर होने लगा है। पद्य की इस समय उन्नति हो रही है। अतएव अब यह सम्भव नहीं कि गद्य की भाषा का प्रभाव पद्य पर न पड़े। जो प्रबल होता है वह निर्बल को अवश्य अपने वशीभूत कर लेता है। यह बात भाषा के सम्बन्ध में भी तद्वत् पाई जाती है। पचास वर्ष पहले के कवियों की भाषा इस समय के कवियों की भाषा से मिलाकर देखिए। देखने से तत्काल विदित हो जाएगा कि आधुनिक कवियों पर बोल-चाल की हिन्दी भाषा ने अपना प्रभाव डालना आरम्भ कर दिया है; उनकी लिखी ब्रजभाषा की कविता में बोल-चाल (खड़ी बोली) के जितने शब्द और मुहाविरे मिलेंगे उतने 50 वर्ष पहले कवियों की कविता में कदापि न मिलेंगे। यह निश्चित है कि किसी समय बोलचाल की हिन्दी-भाषा, ब्रजभाषा की कविता के स्थान को अवश्य छीन लेगी। इसलिए कवियों को चाहिए कि वे छन्द-क्रम से गद्य की भाषा में भी कविता करना आरम्भ करें—बोलना एक भाषा और कविता में प्रयोग करना दूसरी भाषा प्राकृतिक नियमों के विरुद्ध है। जो लोग हिन्दी बोलते हैं और हिन्दी ही के गद्य-साहित्य की सेवा करते हैं, उनके पद में ब्रज की भाषा का आधिपत्य बहुत दिनों तक नहीं रह सकता।

अर्थ

अर्थ-सौरस्य ही कविता का प्राण है। जिस पद्य में अर्थ का चमत्कार नहीं वह कविता नहीं। कवि जिस विषय का वर्णन करे उस विषय से उसका तादात्म्य हो जाना चाहिए। ऐसा न होने से अर्थ-सौरस्य नहीं आ सकता। विलाप-वर्णन करने में कवि के मन में यह भावना होनी चाहिए कि वह स्वयं विलाप कर रहा है और वर्णित दुख का स्वयं अनुभव कर रहा है। प्राकृतिक वर्णन लिखने के समय उसके अन्तःकरण में यह दृढ़ संस्कार होना चाहिए कि वर्ण्यमान नदी, पर्वत अथवा वन के सम्मुख वह स्वयं उपस्थित होकर उनकी शोभा देख रहा है। जब कवि की आत्मा का वर्ण्य विषयों से इस प्रकार निकट सम्बन्ध हो जाता है, तभी उसका किया हुआ वर्णन यथार्थ होता है और तभी उसकी कविता पढ़कर पढ़ने वालों के हृदय पर तद्वत् भावनाएँ उत्पन्न होती हैं। कविता करने में, हमारी समझ में, अलंकारों को बलात् लाने का प्रयत्न न करना चाहिए। विषय-वर्णन के झोंक में जो कुछ मुख से निकले उसे ही रहने देना चाहिए। बलात् किसी अर्थ के लाने की चेष्टा करने की अपेक्षा प्रकृत भाव से जो कुछ आ जाय उसे ही पद्य-बद्ध कर देना अधिक सरल और आह्लादकारक होता है! अपने मनोनीत अर्थ को इस प्रकार व्यक्त करना चाहिए कि पद्य पढ़ते ही पढ़ने वाले उसे तत्क्षण हृदयंगम कर सकें, क्लिष्ट कल्पना अथवा सोच-विचार करने की आवश्यकता न पड़े।

बहुत-से शब्द ऐसे हैं जो सामान्य रीति से सब एक ही अर्थ के व्यंजक हैं, परन्तु

विशेष ध्यानपूर्वक देखने अथवा धातु के अर्थ का विचार करने से पृथक्-पृथक् शब्दों में पृथक्-पृथक् शक्तियों का गर्भित रहना प्रकट होता है। 'तन्वी' शब्द का सामान्य अर्थ स्थल विशेष में स्त्री होता है। परन्तु 'तनु' शब्द का अर्थ कृश होने के कारण 'तन्वी' का विशेष अर्थ दुर्बल है। यदि कहें कि ''यह 'तन्वी' अपने पति के साथ सुख से अपने घर में रहती है'' तो यहाँ 'तन्वी' शब्द उस अर्थ का व्यंजक नहीं हो सकता जो अर्थ 'वामा' इत्यादि शब्दों का होता है। परन्तु यदि कहें कि ''तन्वी अपने प्रियतम का वियोग बड़े धैर्य से सहन कर रही है'' तो यहाँ 'तन्वी' शब्द की गर्भित शक्ति से वियोग उद्योत अर्थ को सहायता पहुँचती है। अतः ऐसे स्थान पर इस शब्द का प्रयोग बहुत प्रशस्त है। अर्थ-सौरस्य के लिए, जहाँ तक सम्भव हो, ऐसे ही शक्तिमान शब्दों का प्रयोग करना चाहिए।

घनाक्षरी और सवैया आदि लिखने वाले कुछ कवियों की कविता में कभी-कभी अनेक निरर्थक शब्द आ जाते हैं। कभी-कभी शब्दों के ऐसे विकृत रूप प्रयुक्त हो जाते हैं कि उनका अर्थ ही समझ में नहीं आता। कभी-कभी पादान्त में समान अक्षर लाने ही के लिए निरर्थक अथवा अपभ्रंश शब्द लाए जाते हैं। ब्रजभाषा की कविता, अथवा घनाक्षरी या सवैया के हम प्रतिकूल नहीं, परन्तु हमारा मत यह है कि अर्थ के सौरस्य ही की ओर कवियों का ध्यान अधिक होना चाहिए, शब्दों के आडम्बर की ओर नहीं। अर्थ-हीन अथवा अनुपयोगी शब्द न लिखे जाने चाहिए और न शब्दों के प्रकृत रूप को बिगाड़ना चाहिए। शब्दों के बिगाड़ने से उनके बिगड़े हुए रूप पढ़ने वालों के कान को खटकते हैं और जिस अर्थ में वे प्रयुक्त होते हैं, उस अर्थ की वे कभी-कभी पोषकता भी नहीं करते।

अश्लीलता और ग्राम्यता-गर्भित अर्थों से कविता को कभी न दूषित करना चाहिए और न देश, काल तथा लोक आदि के विरुद्ध कोई बात कहनी चाहिए। कविता को सरस बनाने का प्रयत्न करना चाहिए। नीरस पद्यों का कभी आदर नहीं होता। जिसे पढ़ते ही पढ़ने वाले के मुख से 'वाह' न निकले, अथवा उसका मस्तक न हिलने लगे, अथवा उसकी दन्त-पंक्ति न दिखलायी देने लगे, अथवा जिस रस की कविता है, उस रस के अनुकूल वह व्यापार न करने लगे, तो वह कविता, कविता ही नहीं, वह तुकबन्दी मात्र है। कविता के सरस होने ही से वे उपर्युक्त बातें हो सकती हैं, अन्यथा नहीं। रस ही कविता का सबसे बड़ा गुण है। श्रीकण्ठ-चरित के कर्ता ने ठीक कहा है—

तैस्तैरलंकृतिशतैरवतंसितोऽपि
रूढ़ो महत्यपि पदे धृतसौष्ठवोऽपि।
नूनं बिना मनरसप्रसराभिषेकं
काव्याधिराजपदमर्हसि न प्रबन्धः।।

अर्थात् सैकड़ों अलंकारों से अलंकृत होकर भी, शब्द-शास्त्र के उच्चासन पर

अधिरूढ़ होकर भी और सब प्रकार के सौष्ठव को धारण करके भी, रस-रूपी अभिषेक के बिना, कोई भी प्रबन्ध काव्याधिराज पदवी को नहीं पहुँचता।

विषय

कविता का विषय मनोरंजक और उपदेश-जनक होना चाहिए। यमुना के किनारे-किनारे केलि-कौतूहल का अद्भुत-अद्भुत वर्णन बहुत हो चुका। न परकीयाओं पर प्रबन्ध लिखने की अब कोई आवश्यकता है और न स्वकीयाओं के 'गतागत' की पहेली बुझाने की। चींटी से लेकर हाथी पर्यन्त पशु; भिक्षुक से लेकर राजा पर्यन्त मनुष्य; बिन्दु से लेकर समुद्र पर्यन्त जल; अनन्त आकाश; अनन्त पृथ्वी; अनन्त पर्वत–सभी पर कविता हो सकती है : सभी से उपदेश सभी के वर्णन से मनोरंजन हो सकता है। फिर क्या कारण है कि इन विषयों को छोड़कर कोई-कोई कवि स्त्रियों की चेष्टाओं का वर्णन करना ही कविता की चरम सीमा समझते हैं? केवल अविचार और अन्धपरम्परा! 'मेघनाद-वध' अथवा 'यशवन्तराव महाकाव्य' वे लिख नहीं सकते, तो उनको ईश्वर की निःसीम सृष्टि में से छोटे-छोटे सजीव अथवा निर्जीव पदार्थों को चुनकर उन्हीं पर छोटी-छोटी कविताएँ करनी चाहिए। अभ्यास करते-करते शायद कभी, किसी समय, वे इसके अधिक योग्यता दिखलाने में समर्थ हों और दंडी कवि के कथनानुसार[1] शायद कभी वाग्देवी उन पर सचमुच ही प्रसन्न हो जाएँ। नायिका के हाव-भावादि के वर्णन का अभ्यास करने वालों पर भी सरस्वती की कृपा हो सकती है; परन्तु तदर्थ उसकी उपासना न करना ही अच्छा है।

संस्कृत में सहस्रशः उत्तमोत्तम काव्य विद्यमान है। अत उस भाषा में काव्यप्रकाश, ध्वन्यालोक, कुवलयानन्द, रसतरंगिणी आदि साहित्य के अनेक लक्षण-ग्रन्थों का होना अनुचित नहीं। परन्तु हिन्दी भाषा में सत्काव्य का प्रायः अभाव है। इस कारण अलंकार और रस-विवेचन के झगड़ों से जटिल ग्रन्थों के बनने की हम कोई आवश्यकता नहीं देखते। 'हेला' हाव का लक्षण और उसका चित्र देखने से क्या लाभ? अथवा दीपकालंकार व उसके सूक्ष्म से भी सूक्ष्म भेदों को जानने का क्या उपयोग? हिन्दी में ऐसे कितने काव्य हैं जिनमें ये भेद पाये जाते हैं? हमारी अल्प-बुद्धि के अनुसार रस-कुसुमाकर और जसवन्तजसो(!) भूषण के समान ग्रन्थों की इस समय आवश्यकता नहीं। इनके स्थान में यदि कोई कवि किसी आदर्श-पुरुष के चरित्र का अवलम्बन करके एक अच्छा काव्य लिखता तो उससे हिन्दी-साहित्य को अलभ्य लाभ होता।

---

1. न विद्यते पूर्व वासना गुणानुबन्धिप्रतिधानअद्भुतम्।
श्रुतेन यत्नेन च वायुपासिता ध्रुवं करोत्येव कमप्यमुग्रहम्।। —काव्यादर्श
अर्थात्–पूर्ववासना और अद्भुत प्रतिभा न होने पर भी शास्त्र के अनुशीलन और यत्न के अभिनिवेश द्वारा उपासना की गयी तो सरस्वती अनुग्रह अवश्य ही करती है।

कनिष्ठा और ज्येष्ठा का भेद और उनके चित्र देखे तो क्या और न देखे तो क्या? और उत्प्रेक्षा अलंकार का लक्षण नामानुसार सिद्ध हो गया तो क्या और न सिद्ध हुआ तो क्या? नायिकाओं के भी झगड़ों में उलझने से हानि के अतिरिक्त लाभ की कोई सम्भावना नहीं। हिन्दी काव्य की हीन दशा को देखकर कवियों को चाहिए कि वे अपनी विद्या, अपनी बुद्धि और अपनी प्रतिभा का दुरुपयोग इस प्रकार के ग्रन्थ लिखने में न करें। अच्छे काव्य लिखने का उन्हें प्रयत्न करना चाहिए। अलंकार, रस और नायिका-निरूपण बहुत हो चुका।

इस समय कवियों का एक दल कवि-समाजों और कवि-मण्डलों में बद्ध होकर समस्या-पूर्ति करने में व्यग्र हो रहा है। इन पूर्तिकारों में से कुछ को छोड़कर शेष, कविता के नाम की भी बड़ी ही अवहेलना कर रहे हैं। इनको चाहिए कि बिना योग्यता सम्पादन किए समस्यापूर्ति करने के झगड़ें में न पड़ें। अच्छी समस्यापूर्ति करना असाधारण प्रतिभावान् का काम है। एक साधारण कवि अपने मनोऽनुकूल विषय पर एक ही घड़ी में चाहे 50 पद्य लिख डाले और वे सब चाहे अच्छे भी हों, परन्तु किसी समस्या के टुकड़े पर अच्छी कविता करने में वह शायद ही सफल-मनोरथ होगा। समस्यापूर्ति के लिए असामान्य कौशल और प्रबल प्रतिभा की आवश्यकता है। इस समय प्रतिभा का पूरा-पूरा विकास बहुत कम देखा जाता है, इसलिए समस्याओं की पूर्ति भी प्रायः अच्छी नहीं होती। हमारी यह सम्मति है कि समस्या-पूर्ति के विषय को छोड़कर अपनी-अपनी इच्छा के अनुसार विषयों को चुनकर, कवि को यदि बड़ी न हो सके, तो छोटी ही छोटी स्वतन्त्र कविता करना चाहिए; क्योंकि इस प्रकार की कविताओं का हिन्दी में अभाव है।

संस्कृत और अंग्रेजी काव्यों का अनुवाद हिन्दी में करने की ओर भी कवियों की रुचि बढ़ने लगी है; परन्तु स्वतन्त्र कविता की अपेक्षा दूसरे की कविता का अनुवाद अन्य भाषा में करना बड़ा कठिन काम है। एक शीशी में भरे हुए इत्र को जब दूसरी शीशी में डालने लगते हैं तब डालने में ही पहले कठिनता उपस्थित होती है; और यदि बिना दो-चार बूँद इधर-उधर टपके वह शीशी में चला भी गया, तो इस उलट-फेर में उसके सुवास का विशेषांग अवश्य उड़ जाता है। एक भाषा की कविता का दूसरी भाषा में अनुवाद करना मूल कवि का अपमान करना है; क्योंकि अनुवाद के द्वारा उनके गुणों का ठीक-ठीक परिचय न होने के कारण पढ़ने वालों की दृष्टि में वह हीन हो जाता है। इसलिए किसी पुस्तक का अनुवाद आरम्भ करने के पहले अनुवादक को अपनी योग्यता का विचार कर लेना नितान्त आवश्यक है। सच है कि जो अच्छा कवि है वही अच्छा अनुवाद करने में समर्थ हो सकता है; दूसरा नहीं। परन्तु अच्छा कवि होना भी दुर्लभ है। महाकवि मखक ने ठीक कहा है—

तान्यथरत्नानि न सन्ति येषां सुवर्णसंधेन च ये न पूर्णाः।
ते रीतिमात्रेण दरिद्रकल्पा यान्तीश्वरत्वं हि कथं कवीनाम्।

अर्थात्—अर्थ-रत्न और स्वर्ण-समूह से जो परिपूर्ण नहीं है, वे महादरिद्री लोग केवल रीति-मात्रा का अवलम्बन करके कवीश्वर की पदवी कदापि नहीं पा सकते।

काव्य के गुणों और दोषों की विवेचना संस्कृत की जिन पुस्तकों में है, उनमें कवियों के कर्तव्य और अकर्तव्य पर बहुत-कुछ कहा गया है। परन्तु उन सब बातों का विचार हम यहाँ पर नहीं कर सकते। केवल स्थूल-स्थूल बातों ही के विचार की इच्छा से हमने यह लेख आरम्भ किया था। अतएव, अब हम इसे यहीं समाप्त करते हैं।

(2)

संसार में ईश्वर या देवताओं का अवतार कई प्रकार का और कई कामों के लिए होता है। अलौकिक कार्य करने वाले प्रतिभाशाली मनुष्य ही अवतार हैं। स्वाभाविक कवि भी एक प्रकार के अवतार हैं। इस पर कदाचित् कोई प्रश्न करे कि अकेले कवि ही क्यों अवतार माने गये; और लेखक इस पर न बिठाये गये? तो यह कहा जा सकता है कि लेखक का समावेश कवि में है, पर कवियों में कुछ ऐसी विशेष शक्ति होती है, जिसके कारण उनका प्रभाव लोगों पर बहुत पड़ता है। अब मुख्य प्रश्न यह है कि कवि का अवतार होता ही क्यों है? पहुँचे हुए पंडितों का कथन है कि कवि भी 'धर्मसंस्थापनार्थय' उत्पन्न होते हैं। उनका काम केवल तुक मिलाना या 'पावस-पचासा' लिखना ही नहीं है। तुलसीदास ने कवि होकर वैष्णव-धर्म की स्थापना की है; मतमतान्तरों का भेद मिटाया है और 'ज्ञान के पन्थ को कृपाण की धार' बताया है। प्रायः उसी प्रकार का काम, दूसरे रूप में सूरदास, कबीर और लल्लूलाल ने किया है। हरिश्चन्द्र ने शूरता, स्वदेश-भक्ति और सत्य प्रेम का धर्म चलाया है। जिन कवियों ने केवल संस्कृतभाषा का ही भाण्डार भरा है वे भी, किसी न किसी रूप में, लोगों के उपदेशक थे। हिन्दी के जितने कवि प्रसिद्ध हैं उन्होंने देश, काल, अवस्था और पात्र के अनुसार ही कविता की है। दूसरे देशों और दूसरी भाषाओं के कवियों का नाम लेने की यहाँ आवश्यकता नहीं, क्योंकि हिन्दी के पूर्ववर्ती कवियों ने समय-समय पर अपने कर्तव्य को समझा है। और उसका पालन भी किया है। राजा शिवप्रसाद-सदृश इतिहासकारों ने भी अवतार का काम किया है, यद्यपि उनके विचारों को लोग मानते नहीं। सारांश यह कि कवियों को ऐसा करना पड़ता है—वे स्वभाव ही से ऐसा करते हैं—कि संसार का कल्याण हो और इस प्रकार उनका नाम आप ही आप अमर हो जाय। भूषण के समान कवियों ने तो राजनीतिक आन्दोलन तक उपस्थित कर दिया है। 'पूर्ण' कवि ने हमें यह उपदेश दिया है कि जो लोग बोलचाल की भाषा से किसी प्रकार अप्रसन्न हैं, वे भी अपनी पुरानी ब्रज (कविता) की बोली को बिना तोड़े-मरोड़े काम में ला सकते हैं, और यदि वे चाहें तो बोल-चाल की भाषा में कविता कर सकते हैं। सारांश यह है कि कविता ही के लिए कविता

करना एक तमाशा है। हिन्दी में कविता-सम्बन्धी इस प्रकार के लेख पढ़कर बाहर के लोग यह अनुमान कर सकते हैं कि कदाचित् हिन्दी के कवि अपना कर्तव्य नहीं मानते, नहीं तो उनके लिए ऐसा लेख न लिखा जाता। यदि कोई मराठी या बँगला के समाचार-पत्र या मासिक-पत्र पढ़े, तो उसे उनमें ऐसे लेख न मिलेंगे। ऐसे लेख उन भाषाओं में कम से कम चालीस वर्ष पहले निकल चुके हैं। और उन लेखों के अनुसार उन भाषाओं की कविता इतने समय में इतनी ऊँची हो गयी है कि समालोचकों के लिए जन्म भर विचार करने की सामग्री तैयार है। भाषा या साहित्य की जब जैसी अवस्था होती है, तब उसमें उसी प्रकार के लेख निकलते हैं। हम यहाँ पर इस विषय का एक उदाहरण देते हैं। एक बार 'छत्तीसगढ़-मित्र' में हिन्दी-व्याकरण के विषय में कुछ लेख निकले थे। उस पर एक महाराष्ट्र सज्जन ने बम्बई से (सम्पादक से) पूछा कि क्या हिन्दी में व्याकरण नहीं है? इस पर सुनने में आया कि सम्पादक ने उनको यह उत्तर दिया कि और-और भाषाओं के समान हिन्दी में कोई व्याकरण है परन्तु इस विषय का निरूपण विदेशियों ने किया है। हिन्दुस्तानी लोग न उसे खोज सके हैं और न खोज हो जाने पर भी उसकी ओर ध्यान देते हैं।

कवि की कल्पना-शक्ति तीव्र होती है। इस कल्पना-शक्ति के द्वारा वह कठिन बातों को ऐसे अनोखे ढंग से सबके सामने रखता है कि वे सहज ही समझ में आ जाती है। इसी शक्ति से वह अनजाने हुए पदार्थों या दृश्यों का चित्र इतना मनोहर खींचता है कि पढ़ने या सुनने वाले एकाग्रचित्त हो जाते हैं और उस बात पर प्रेमपूर्वक विचार करते हैं। फिर कवि अपने अवलोकन और अपनी कल्पना से ऐसी शिक्षा देते हैं कि यह न तो आज्ञा का रूप धारण करती है, और न अपना स्वाभाविक रूखापन ही प्रकट करती है, किन्तु भीतर ही भीतर मन को उकसा देती है। ताजमहल का वर्णन करते समय वह इस बात पर ध्यान न देगा कि यह किस सन् में बना था, इसकी लम्बाई-चौड़ाई कितनी है, या इसका पत्थर कहाँ से आया है? इमारत को देखकर उसका मन कदाचित् उसके भीतर भी ऊँचा बढ़ जायगा और वह उस समय की कल्पना करने लगेगा जब बादशाह की बेगम मरते समय, रौजे की वसीयत कर रही थी। उसके मन में पुराने और नये समय के मिलान का भी चित्र खिंच जायगा और वह समय के फेर की घटनाओं को सोचने लगेगा। मनोहर वर्णन और शिक्षा के साथ-साथ कवि अपने शब्द और वाक्य भी ऐसे मनोहर बनाता है कि पढ़ने वाले के आनन्द की सीमा नहीं रहती। कविता लिखते समय जो-जो भाव कवि के हृदय में उदित होते हैं, वही भाव पढ़ने वाले के हृदय में उत्पन्न हो सकते हैं। इसके लिए पढ़ने वाला सहृदय होना चाहिए, नहीं तो भैंस के आगे बीन बजने लगेगी। यदि स्वतः कवि में सहृदयता न हो तो फिर उसका श्रम ही वृथा है। मनोविज्ञानी लोग कदाचित् किसी समय हमको यह बता सकेंगे कि मनोविकार प्रकट करने के लिए छन्द ही का उपयोग क्यों होता है? गद्य में भी कोई-कोई लेखक—विशेषकर उपन्यास

लेखक—ऐसा मनोहर वर्णन करते हैं और ऐसे भाव प्रकट करते हैं कि उनका गद्य पद्य हो जाता है। जो हो, अभी तो कवि लोग ही विशेषकर यह काम करते हैं और उसके लिए छन्द काम में लाते हैं।

आजकल हिन्दी संक्रान्ति की अवस्था में है। हिन्दी कवि का कर्तव्य यह है कि वह लोगों की रुचि का विचार रखकर अपनी कविता ऐसी सहज और मनोहर रचे कि साधारण पढ़े-लिखे लोगों में भी पुरानी कविता के साथ-साथ नयी कविता पढ़ने का अनुराग उत्पन्न हो जाय। पढ़ने वालों के मन में नयी-नयी उपमाओं को, नये-नये शब्दों को और नये-नये विचारों को समझने की योग्यता उत्पन्न करना कवि ही का कर्तव्य है। जब लोगों का झुकाव इस ओर होने लगे तब, समय-समय पर कल्पित अथवा सत्य आख्यानों के द्वारा सामाजिक, नैतिक और धार्मिक विषयों की मनोहर शिक्षा दे। जब जो विषय उसके अवलोकन में आये, तब उसी पर अपनी स्वाभाविक शक्ति से कविता लिखकर लोगों को परोक्ष रूप से सचेत करे। कविता के प्रभाव का एक छोटा-सा उदाहरण सुनिये। पद्माकर कवि के घराने के लोगों में विवाह के समय कवित्त पढ़ने की चाल है। उनकी जाति के लोग कहते हैं कि वह चाल पद्माकर के समय से चली है और वह अब तक चली आती है। क्या यह बात आजकल के कवियों में नहीं हो सकती? जान पड़ता है कि "अब के कवि खद्योत सम जहँ-तहँ करहिं प्रकाश"—जिसने यह दोहा लिखा है उसको बड़ी दूर की सूझी है। बोल-चाल की भाषा में आज तक कोई कविता ऐसी नहीं बनी, जिसका प्रचार 'चन्द्रकान्ता'[1] के समान साधारण पढ़े-लिखे लोगों में भी हुआ हो। सदोष होने पर भी इस उपन्यास के कारण पुरुषों और स्त्रियों में उपन्यास पढ़ने की रुचि उत्पन्न हुई है। इसी प्रकार जब बोलचाल की भाषा की कविता को, या आजकल के और दूसरे पद्यों को साधारण लोग भी पढ़ने लगें; तब समझना चाहिए कि कविता और कवि लोकप्रिय हैं। आजकल तो संस्कृत-भरी कविता का रचा जाना और भी अधिक हानिकारक है।

सारांश यह कि यदि आजकल की कविता में शास्त्रोक्त गुणों को छोड़कर नीचे लिखे हुए गुण हों तो सम्भव है कि वह लोकप्रिय होगी—

(1) कविता में साधारण लोगों की अवस्था, विचार और मनोविकारों का वर्णन हो।
(2) उसमें धीरज, साहस, प्रेम और दया आदि गुणों के उदाहरण रहें।
(3) कल्पना सूक्ष्म और उपमादिक अलंकार गूढ़ न हों।
(4) भाषा सहज स्वाभाविक और मनोहर हो।
(5) छन्द सीधा, परिचित, सुहावना और वर्णन के अनुकूल हो।

---

1. यह आसन अब 'भारती-भारती' और 'जयद्रथ-वध' को मिल गया है। 1918

बनाम लार्ड कर्जन

–बालमुकुन्द गुप्त

माई लार्ड! लड़कपन में इस बूढ़े भंगड़ को बुलबुल का बड़ा चाव था। गाँव के कितने ही शौकीन बुलबुलबाज थे, वे बुलबुलें पकड़ते थे, पालते थे और लड़ाते थे, बालक शिवशम्भु शर्मा बुलबुलें लड़ाने का चाव नहीं रखता था। केवल एक बुलबुल को हाथ पर बिठाकर ही प्रसन्न होना चाहता था। पर ब्राह्मणकुमार को बुलबुल कैसे मिले? पिता को यह भय कि बालक को बुलबुल दी तो वह मार देगा, हत्या होगी अथवा उसके हाथ से बिल्ली छीन लेगी तो पाप होगा। बहुत अनुरोध से यदि पिता ने किसी मित्र की बुलबुल किसी दिन ला भी दी तो वह एक घण्टे से अधिक नहीं रहने पाती थी। वह भी पिता की निगरानी में।

सराय के भटियारे बुलबुलें पकड़ा करते थे। गाँव के लड़के उनसे दो-दो, तीन-तीन पैसे में खरीद लाते थे। पर बालक शिवशम्भु तो ऐसा नहीं कर सकता था। पिता की आज्ञा बिना वह बुलबुल कैसे लावे और कहाँ रखे? उधर मन में अपार इच्छा थी कि बुलबुल जरूर हाथ पर हो। इसी से जंगल में उड़ती बुलबुल को देखकर जी फड़क उठता था। बुलबुल की बोली सुनकर आनन्द से हृदय नृत्य करने लगता था। कैसी-कैसी कल्पनाएँ हृदय में उठती थीं। उन सब बातों का अनुभव दूसरों को नहीं हो सकता। दूसरों को क्या होगा? आज यह वही शिवशम्भु है, स्वयं इसी को उस बाल काल के अनिर्वचनीय चाव और आनन्द का अनुभव नहीं हो सकता।

बुलबुल पकड़ने की नाना प्रकार की कल्पनाएँ मन ही मन में करता हुआ बालक शिवशम्भु सो गया। उसने देखा कि संसार बुलबुलमय है। सारे संसार में बुलबुलें उड़ रही हैं। अपने घर के सामने खेलने का जो मैदान है, उसमें सैकड़ों बुलबुलें उड़ती फिरती हैं। फिर वह सब ऊँची नहीं उड़तीं। बहुत नीची-नीची उड़ती हैं। उनके बैठने के अड्डे भी नीचे-नीचे हैं। वे कभी उड़कर इधर जाती हैं और कभी उधर, कभी यहाँ बैठती हैं और कभी वहाँ, कभी स्वयं उड़कर बालक शिवशम्भु के हाथ की उँगलियों पर आ बैठती हैं। शिवशम्भु आनन्द में मस्त होकर इधर-उधर दौड़ रहा है। उसके दो-तीन साथी भी उसी प्रकार बुलबुलें पकड़ते और छोड़ते इधर-उधर कूदते-फिरते हैं।

आज शिवशम्भु की मनोवांछा पूर्ण हुई। आज उसे बुलबुलों की कमी नहीं है। आज उसके खेलने का मैदान बुलबुलिस्तान बन रहा है। आज शिवशम्भु बुलबुलों का राजा ही नहीं, महाराजा है। आनन्द का सिलसिला यहीं नहीं टूट गया। शिवशम्भु ने देखा कि सामने एक सुन्दर बाग है। यहीं से सब बुलबुलें उड़कर आती हैं। बालक कूदता हुआ दौड़कर उसमें पहुँचा। देखा, सोने के पेड़-पत्ते और सोने के ही नाना रंग के फूल हैं। उन पर सोने की बुलबुलें बैठी गाती हैं और उड़ती फिरती हैं। वहीं एक सोने का महल है उस पर सैकड़ों सुनहरी कलश हैं। उन पर भी बुलबुलें बैठी हैं। बालक दो-तीन साथियों सहित महल पर चढ़ गया। उस समय वह सोने का बगीचा सोने के महल और बुलबुलों सहित एक बार उड़ा। सब कुछ आनन्द से उड़ता था, बालक शिवशम्भु भी दूसरे बालकों सहित उड़ रहा था। पर यह आमोद बहुत देर तक सुखदायी न हुआ। बुलबुलों का खयाल अब बालक के मस्तिष्क से हटने लगा। उसने सोचा—हैं! मैं कहाँ उड़ा जाता हूँ? माता-पिता कहाँ? मेरा घर कहाँ? इस विचार के आते ही सुख-स्वप्न भंग हुआ। बालक फुसफुसाकर उठ बैठा। देखा और कुछ नहीं, अपना ही घर और अपनी ही चारपाई है। मनो-राज्य समाप्त हो गया।

आपने माई लार्ड! जब से भारतवर्ष में पधारे हैं, बुलबुलों का स्वप्न ही देखा है या सचमुच कोई करने के योग्य काम भी किया है? खाली अपना खयाल ही पूरा किया है या यहाँ की प्रजा के लिए भी कुछ कर्तव्य पालन किया? एक बार यह बातें बड़ी धीरता से मन में विचारिए। आपकी भारत में स्थिति की अवधि के पाँच वर्ष पूरे हो गये। अब यदि आप कुछ दिन रहेंगे तो सूद में, मूलधन समाप्त हो चुका। हिसाब कीजिए, नुमायशी कामों के सिवा काम की बात आप कौन-सी कर चले हैं और भड़कबाजी के सिवा ड्यूटी और कर्तव्य की ओर आपका इस देश में आकर कब ध्यान रहा है? इस बार के बजट की वक्तृता ही आपके कर्तव्य-काल की अन्तिम वक्तृता थी। जरा उसे पढ़ तो जाइए, फिर उसमें आपकी पाँच साल की किस अच्छी करतूत का वर्णन है? आप बारम्बार अपने दो अति तुमतराक से भरे कामों का वर्णन करते हैं? एक विक्टोरिया मेमोरियल हॉल और दूसरा दिल्ली-दरबार। पर जरा विचारिए तो यह दोनों काम 'शो' हुए या 'ड्यूटी'? विक्टोरिया मेमोरियल हॉल चन्द पेट भरे अमीरों के एक-दो बार देख आने की चीज होगा। उससे दरिद्रों का कुछ दुख घट जावेगा या भारतीय प्रजा की कुछ दशा उन्नत हो जावेगी ऐसा तो आप भी न समझते होंगे।

अब दरबार की बात सुनिये कि क्या था? आपके खयाल से वह बहुत बड़ी चीज था। पर भारतवासियों की दृष्टि में वह बुलबुलों के स्वप्न से बढ़कर कुछ न था। जहाँ-जहाँ से वह जुलूस के हाथी आये, वहीं-वहीं सब लौट गये। जिस हाथी पर आप सुनहरी झूलें और सोने का हौदा लगवाकर छत्र-धारण-पूर्वक सवार हुए थे, वह अपने कीमती असबाब सहित जिसका था, उसके पास चला गया। आप भी जानते

वे कि वह आपका नहीं और दर्शक भी जानते थे कि आपका नहीं। दरबार में जिस सुनहरी सिंहासन पर विराजमान होकर आपने भारत के सब राजा-महाराजाओं की सलामी ली थी, वह भी वहीं तक था और आप स्वयं भली-भाँति जानते हैं कि वह आपका न था। वह भी जहाँ से आया था वहीं चला गया। वह सब चीजें खाली नुमायशी थीं। भारतवर्ष में वह पहले ही से मौजूद थीं। क्या इन सबसे आपका कुछ गुण प्रकट हुआ? लोग विक्रम को याद करते हैं या उसके सिंहासन को, अकबर को या उसके तख्त को? शाहजहाँ की इज्जत उसके गुणों से थी या तख्तेताऊस से? आप जैसे बुद्धिमान पुरुष के लिए यह सब बातें विचारने की हैं।

चीज वह बननी चाहिए जिसका कुछ देर क़याम हो। माता-पिता की याद आते ही बालक शिवशम्भु का सुख-स्वप्न भंग हो गया। दरबार समाप्त होते ही वह दरबार-भवन, वह एम्फीथियेटर तोड़कर रख देने की वस्तु हो गया। उधर बनाना, इधर उखाड़ना पड़ा! नुमायशी चीजों का यही परिणाम है। उनका तितलियों का-सा जीवन होता है। माई लार्ड! आपने कछाड़ के चाय वाले साहबों की दावत खाकर कहा था कि यह लोग यहाँ नित्य हैं और हम लोग कुछ दिन के लिए। आपके वह 'कुछ दिन' बीत गये। अवधि पूरी हो गयी। अब यदि कुछ दिन और मिलें तो वह किसी पुराने पुण्य के बल से समझिये। उन्हीं की आशा पर शिवशम्भु शर्मा यह चिट्ठी आपके नाम भेज रहा है, जिससे इन माँगे दिनों में तो एक बार आपको अपने कर्तव्य का खयाल हो।

जिस पद पर आप आरूढ़ हुए, वह आपका मौरूसी नहीं--नदी-नाव संयोग की भाँति है। आगे भी कुछ आशा नहीं कि इस बार छोड़ने के बाद आपका इससे कुछ सम्बन्ध रहे। किन्तु जितने दिन आपके हाथ में शक्ति है, उतने दिन कुछ करने की शक्ति भी है। जो कुछ आपने दिल्ली आदि में कर दिखाया उसमें आपका कुछ भी न था, पर वह सब कर दिखाने की शक्ति आप में थी। उसी प्रकार जाने से पहले, इस देश के लिए कोई असली काम कर जाने की शक्ति आप में है। इस देश की प्रजा के हृदय में कोई स्मृति-मन्दिर बना जाने की शक्ति आप में है। पर यह सब तब हो सकता है कि वैसी स्मृति की कुछ कदर आपके हृदय में भी हो। स्मरण रहे धातु की मूर्तियों के स्मृति-चिह्न से एक दिन किले का मैदान भर जाएगा। महारानी का स्मृति-मन्दिर मैदान की हवा रोकता था या न रोकता था, पर दूसरों की मूर्तियाँ इतनी हो जायेंगी कि पचास-पचास हाथ पर हवा को टकराकर चलना पड़ेगा। जिस देश में लार्ड लैंसडौन की मूर्ति बन सकती है, उसमें और किस-किसकी मूर्ति नहीं बन सकती है? माई लार्ड! आप भी चाहते हैं कि उसके आसपास आपकी एक वैसी ही मूर्ति खड़ी हो?

यह मूर्तियाँ किस प्रकार के स्मृति-चिह्न हैं? इस दरिद्र देश के बहुत से धन की एक ढेरी है, जो किसी काम नहीं आ सकती। एक बार जाकर देखने से विदित

होता है कि वह कुछ विशेष पक्षियों के कुछ देर विश्राम कर लेने के अड्डे से बढ़कर कुछ नहीं है। माई लार्ड! आपकी मूर्ति की वहाँ क्या शोभा होगी? आइए मूर्तियाँ दिखावें। वह देखिए एक मूर्ति है, जो किले के मैदान में नहीं है, पर भारतवासियों के हृदय में बनी हुई है। पहचानिए, इस वीर पुरुष ने मैदान की मूर्ति से इस देश के करोड़ों गरीबों के हृदय में मूर्ति बनवाना अच्छा समझा। वह लार्ड रिपन की मूर्ति है। और देखिए, एक स्मृति-मन्दिर, यह आपके पचास लाख के संगमरमर वाले से अधिक मजबूत और सैकड़ों गुना कीमती है। यह स्वर्गीय विक्टोरिया महारानी का सन् 1858 ई. का घोषणा-पत्र है। आपकी यादगार भी यही बन सकती है, यदि इन दो यादगारों की आपके जी में कुछ इज्जत हो।

मतलब समाप्त हो गया। जो लिखना था, वह लिखा गया। अब खुलासा बात यह है कि एक बार 'शो' और 'ड्यूटी' का मुकाबला कीजिए। 'शो' को 'शो' ही समझिए। 'शो' ड्यूटी नहीं है! माई लार्ड! आपके दिल्ली दरबार की याद कुछ दिन बाद उतनी ही रह जावेगी जितनी शिवशम्भु शर्मा के सिर में बालकपन के उस सुख-स्वप्न की है।

श्रद्धा-भक्ति

—रामचन्द्र शुक्ल

किसी मनुष्य में जन-साधारण से विशेष गुण या शक्ति का विकास देख उसके सम्बन्ध में जो एक स्थायी आनन्द-पद्धति हृदय में स्थापित हो जाती है उसे श्रद्धा कहते हैं। श्रद्धा महत्त्व की आनन्दपूर्ण स्वीकृति के साथ-साथ पूज्य बुद्धि का संचार है। यदि हमें निश्चय हो जायगा कि कोई मनुष्य बड़ा वीर, बड़ा सज्जन, बड़ा गुणी, बड़ा दानी, बड़ा विद्वान, बड़ा परोपकारी या बड़ा धर्मात्मा है तो वह हमारे आनन्द का एक विषय हो जाएगा। हम उसका नाम आने पर प्रशंसा करने लगेंगे, उसे सामने देख आदर से सिर नवायेंगे, किसी प्रकार का स्वार्थ न रहने पर भी हम सदा उसका भला चाहेंगे, उसकी बढ़ती से प्रसन्न होंगे और अपनी पोषित आनन्द-पद्धति में व्याघात पहुँचने के कारण उसकी निन्दा न सह सकेंगे। इससे सिद्ध होता है कि जिन कर्मों के प्रति श्रद्धा होती है उसका होना संसार को वांछित है। यही विश्वकामना श्रद्धा की प्रेरणा का मूल है।

प्रेम और श्रद्धा में अन्तर यह है कि प्रेम स्वाधीन कार्यों पर उतना निर्भर नहीं—कभी-कभी किसी का रूप मात्र, जिसमें उसका कुछ भी हाथ नहीं, उसके प्रति प्रेम होने का कारण होता है पर श्रद्धा ऐसी नहीं है। किसी की सुन्दर आँख या नाक देखकर उसके प्रति श्रद्धा नहीं उत्पन्न होती, प्रीति उत्पन्न हो सकती है। प्रेम के लिए इतना ही बस है कि कोई मनुष्य हमें अच्छा लगे; पर श्रद्धा के लिए आवश्यक यह है कि कोई मनुष्य किसी बात में बड़ा हुआ होने के कारण हमारे सम्मान का पात्र हो। श्रद्धा का व्यापार-स्थल विस्तृत है, प्रेम का एकान्त। प्रेम में घनत्व अधिक है और श्रद्धा में विस्तार। किसी मनुष्य से प्रेम रखने वाले दो ही एक मिलेंगे, पर उस पर श्रद्धा रखने वाले सैकड़ों, हजारों, लाखों क्या करोड़ों मिल सकते हैं। सच पूछिए तो इसी श्रद्धा आश्रय से उन कर्मों के महत्त्व का भाव दृढ होता रहता है जिन्हें धर्म कहते हैं और जिनसे मनुष्य-समाज की स्थिति है। कर्ता से बढ़कर कर्म का स्मारक दूसरा नहीं। कर्म की क्षमता प्राप्त करने के लिए बार-बार कर्ता ही की ओर आँख उठती है। कर्मों से कर्ता की स्थिति को जो मनोहरता प्राप्त हो जाती है उस पर

मुग्ध होकर बहुत-से प्राणी उन कर्मों की ओर प्रेरित होते हैं। कर्ता अपने सत्कर्म द्वारा एक विस्तृत क्षेत्र में मनुष्य की सद्-वृत्तियों के आकर्षण का एक शक्ति-केन्द्र हो जाता है। जिस समाज में किसी ऐसे ज्योतिष्मान शक्ति-केन्द्र का उदय होता है उस समाज में भिन्न-भिन्न हृदयों से शुभ भावनाएँ मेघ-खण्डों के समान उठकर तथा एक ओर और एक साथ अग्रसर होने के कारण परस्पर मिलकर, इतनी घनी हो जाती हैं कि उनकी घटा-सी उमड़ पड़ती है और मंगल की ऐसी वर्षा होती है कि सारे दुःख और क्लेश बह जाते हैं।

हमारे अन्तःकरण में प्रिय के आदर्श रूप का संघटन उसके शरीर या व्यक्ति मात्र के आश्रय से ही हो सकता है, श्रद्धेय के आदर्श रूप का संघटन उसके फैलाये हुए कर्म-तन्तु के उपादान से होता है। प्रिय का चिन्तन हम आँख मूँदे हुए, संसार को भुलाकर कर सकते हैं, पर श्रश्रेय का चिन्तन हम आँख खोले हुए, संसार का कुछ अंश सामने रखकर करते हैं। यदि प्रेम स्वप्न है, तो श्रद्धा जागरण है। प्रेमी प्रिय को अपने लिए और अपने को प्रिय के लिए संसार से अलग करना चाहता है। प्रेम में केवल दो पक्ष होते हैं, श्रद्धा में तीन। प्रेम में कोई मध्यस्थ नहीं पर श्रद्धा में मध्यस्थ अपेक्षित है। प्रेमी और प्रिय के बीच कोई और वस्तु अनिवार्य नहीं, पर श्रद्धेय और श्रद्धालु के बीच कोई वस्तु चाहिए। इस बात का स्मरण रखने से यह पहचानना उतना कठिन न रह जाएगा कि किसी के प्रति किसी का कोई आनन्दान्तर्गत भाव प्रेम है या श्रद्धा। यदि किसी कवि का काव्य बहुत अच्छा लगा, किसी चित्रकार का बनाया चित्र बहुत सुन्दर जँचा और हमारे चित्त में उस कवि या चित्रकार के प्रति एक सुहृद भाव उत्पन्न हुआ तो वह श्रद्धा है; क्योंकि यह काव्य का चित्ररूप मध्यस्थ द्वारा प्राप्त हुआ है।

प्रेम का कारण बहुत कुछ अनिर्दिष्ट और अज्ञात होता है, पर श्रद्धा का कारण निर्दिष्ट और ज्ञात होता है। कभी-कभी केवल एक साथ रहते-रहते दो प्राणियों में यह भाव उत्पन्न हो जाता है कि वे बराबर साथ रहें; उनका साथ कभी न छूटे। प्रेमी प्रिय के सम्पूर्ण जीवन-क्रम के सतत साक्षात्कार का अभिलाषी होता है। वह उसका उठना, बैठना चलना, फिरना, सोना, खाना, पीना सब कुछ देखना चाहता है। संसार में बहुत-से लोग उठते-बैठते, चलते-फिरते हैं, पर सबका उठना-बैठना, चलना-फिरना उसको वैसा अच्छा नहीं लगता। प्रेमी प्रिय के जीवन को अपने जीवन से मिलाकर एक निराला मिश्रण तैयार करना चाहता है वह दो से एक करना चाहता है। सारांश यह कि श्रद्धा में दृष्टि पहले कर्मों पर से होती हुई श्रद्धेय तक पहुँचती है और प्रीति में प्रिय पर से होती हुई उसके कर्मों आदि पर जाती है। एक व्यक्ति को कर्मों द्वारा मनोहरता प्राप्त होती है; दूसरी में कर्मों को व्यक्ति द्वारा। एक में कर्म प्रधान है, दूसरी में व्यक्ति।

किसी के रूप को स्वयं देखकर हम तुरन्त मोहित होकर उससे प्रेम कर सकते

हैं, पर उसके रूप की प्रशंसा किसी दूसरे से सुनकर चट हमारा प्रेम नहीं उमड़ पड़ेगा। कुछ काल तक हमारा भाव लोभ के रूप में रहेगा, पीछे वह प्रेम में परिणत हो सकता है। बात यह है कि प्रेम एक-मात्र अपने ही अनुभव पर निर्भर रहता है, पर श्रद्धा अपनी सामाजिक विशेषता के कारण दूसरों के अनुभव पर भी जगती है। रूप की भावना का बहुत कुछ सम्बन्ध व्यक्तिगत रुचि से होता है। अतः किसी के रूप और हमारे बीच यदि तीसरा व्यक्ति आया तो इस व्यापार में सामाजिकता आ गयी, क्योंकि हमें उस समय यह ध्यान हुआ कि उस रूप से एक तीसरे व्यक्ति को आनन्द या सुख मिला और हमें भी मिल सकता है। जब तक हम किसी के रूप का बखान सुनकर 'वाह वाह' करते जाएँगे तब तक हम एक प्रकार के लोभी अथवा रीझनेवाले कद्रदान ही कहलायेंगे, पर जब हम उसके दर्शन के लिए आकुल होंगे, उसे बराबर अपने सामने ही रखना चाहेंगे, तब प्रेम का सूत्रपात समझा जायेगा। श्रद्धाभाजन पर श्रद्धावान् अपना किसी प्रकार का अधिकार नहीं चाहता, पर प्रेमी प्रिय के हृदय पर अपना अधिकार चाहता है।

श्रद्धा एक सामाजिक भाव है, इससे अपनी श्रद्धा के बदले में हम श्रद्धेय से अपने लिए कोई बात नहीं चाहते। श्रद्धा धारण करते हुए हम अपने को उस समाज में समझते हैं जिसके किसी अंश पर—चाहे हम व्यष्टि रूप में उसके अन्तर्गत न भी हों—जान बूझकर उसने कोई शुभ प्रभाव डाला। श्रद्धा स्वयं ऐसे कर्मों के प्रतिकार में होती है जिनका शुभ प्रभाव अकेले हम पर नहीं, बल्कि सारे मनुष्य समाज पर पड़ सकता है। श्रद्धा एक ऐसी आनन्दपूर्ण कृतज्ञता है जिसे हम केवल समाज के प्रतिनिधि रूप में प्रकट करते हैं। सदाचार पर श्रद्धा और अत्याचार पर क्रोध या घृणा प्रकट करने के लिए समाज ने प्रत्येक व्यक्ति को प्रतिनिधित्व प्रदान कर रखा है। यह काम उसने इतना भारी समझा है कि उसका भार सारे मनुष्यों को बाँट दिया है, दो-चार माननीय लोगों के ही सिर पर नहीं छोड़ रखा है। जिस समाज में सदाचार पर श्रद्धा और अत्याचार पर क्रोध प्रकट करने के लिए जितने ही अधिक लोग तत्पर पाये जाएँगे उतना ही वह समाज जाग्रत समझा जायेगा। श्रद्धा की सामाजिक विशेषता एक इसी बात से समझ लीजिए कि जिस पर हम श्रद्धा रखते हैं उस पर चाहते हैं कि और लोग भी श्रद्धा रखें। पर जिस पर हमारा प्रेम होता है उससे और दस-पाँच आदमी प्रेम रक्खें, इसकी हमें परवा क्या इच्छा ही नहीं होती, क्योंकि हम प्रिय पर लोभवश एक प्रकार का अनन्य अधिकार या इशारा चाहते हैं। श्रद्धालु अपने भाव में संसार को भी सम्मिलित करना चाहता है, पर प्रेमी नहीं।

जब तक समष्टि रूप में हमें संसार के लक्ष्य का बोध नहीं होता और हमारे अन्तःकरण में सामान्य आदर्शों की स्थापना नहीं होती तब तक हमें श्रद्धा का अनुभव नहीं होता। बच्चों में कृतज्ञता का भाव पाया जाता है। पर सदाचार के प्रति उस कृतज्ञता का नहीं जिसे श्रद्धा कहते हैं। अपने साथ किये जाने वाले जिस व्यवहार

के लिए वे कृतज्ञ होते हैं उसी को दूसरों के साथ होते देख कर्ता के प्रति कृतज्ञ होना वे देर में सीखते हैं—उस समय सीखते हैं जब वे अपने को किसी समुदाय का अंग समझने लगते हैं। अपने साथ या किसी विशेष मनुष्य के साथ किये जाने वाले व्यवहार के लिए जो कृतज्ञता होती है वह श्रद्धा नहीं है। श्रद्धालु की दृष्टि सामान्य की ओर होनी चाहिए, विशेष की ओर नहीं। अपने सम्बन्धी के प्रति किसी को कोई उपकार करते देख यदि हम कहें कि उस पर हमारी श्रद्धा हो गयी है तो यह हमारा पाखण्ड है, हम झूठ-मूठ अपने को ऐसे उच्च भाव का धारणकर्ता प्रकट करते हैं। पर उसी सज्जन को दस-पाँच और ऐसे आदमियों के साथ जब हम उपकार करते देखें जिन्हें हम जानते तक नहीं और इस प्रकार हमारी दृष्टि विशेष से सामान्य की ओर हो जाय, तब यदि हमारे चित्त में उसके प्रति पहले से कहीं अधिक कृतज्ञता या पूज्य बुद्धि का उदय हो तो हम श्रद्धालु की उच्च पदवी के अधिकारी हो सकते हैं। सामान्य रूप में हम किसी गुण या शक्ति का विचार सारे संसार से सम्बद्ध करके करते हैं, अपने से या किसी विशेष प्राणी से सम्बद्ध करके नहीं। हम देखते हैं कि किसी मनुष्य में कोई गुण या शक्ति है जिसका प्रयोग वह चाहे जहाँ और जिसके प्रति कर सकता है।

श्रद्धा का मूल तत्त्व है दूसरे का महत्त्व स्वीकार। अतः जिनकी स्वार्थबद्ध दृष्टि अपने से आगे नहीं जा सकती अथवा अभिमान के कारण जिन्हें अपनी ही बड़ाई के अनुभव की लत लग गयी है उनकी इतनी समाई नहीं कि वे श्रद्धा ऐसे पवित्र भाव को धारण करें। स्वार्थियों और अभिमानियों के हृदय में श्रद्धा नहीं टिक सकती। उनका अन्तःकरण इतना संकुचित और मलीन होता है कि वे दूसरों की कृति का यथार्थ मूल्य नहीं परख सकते।

स्थूल रूप से श्रद्धा तीन प्रकार की कही जा सकती है:—

1. प्रतिभा सम्बन्धिनी।
2. शील सम्बन्धिनी और
3. साधन-सम्पत्ति सम्बन्धिनी।

प्रतिभा से मेरा अभिप्राय अन्तःकरण की उस उद्भाविका क्रिया से है जिसके द्वारा कला, विज्ञान आदि नाना क्षेत्रों में नयी-नयी बातें या कृतियाँ उपस्थित की जाती हैं। यह ग्रहण और धारणा शक्ति से भिन्न है, जिसके द्वारा इधर-उधर से प्राप्त ज्ञान (विद्वत्ता) संचित किया जाता है। कला सम्बन्धिनी श्रद्धा के लिए श्रद्धालु में भी थोड़ी बहुत मार्मिक निपुणता चाहिए, इससे उसका अभाव कोई भारी त्रुटि नहीं, वह क्षम्य है। यदि किसी उत्तम काव्य या चित्र की विशेषता न समझने के कारण हम कवि या चित्रकार पर श्रद्धा न कर सकें तो यह हमारा अनाड़ीपन है—हमारे रुचि-संस्कार की त्रुटि है। इसका उपाय यही है कि समाज कला सम्बन्धिनी मर्मज्ञता के प्रचार की व्यवस्था करे जिससे विविध कलाओं के सामान्य आदर्श की स्थापना

जनसमूह में हो जाये, पर इतना होने पर भी कला सम्बन्धिनी रुचि की विभिन्नता थोड़ी-बहुत अवश्य रहेगी। अश्रद्धालु रुचि का नाम लेकर ईर्ष्या या अहंकार के दोषारोपण से बच जाया करेंगे।

पर शील सम्बन्धिनी श्रद्धा प्रत्येक व्यक्ति का कर्तव्य है। शील या धर्म के सामान्य लक्षण संसार के प्रत्येक सभ्य जन-समुदाय में प्रतिष्ठित हैं। धर्म ही से मनुष्य-समाज भी स्थित है, अतः उसके सम्बन्ध में किसी प्रकार का रुचि-भेद, मतभेद आदि नहीं। सदाचारी के प्रति यदि हम श्रद्धा नहीं रखते तो समाज के प्रति अपने कर्तव्य का पालन नहीं करते। यदि किसी को दूसरों के कल्याण के लिए भारी स्वार्थ-त्याग करते देख हमारे मुँह से 'धन्य-धन्य' भी न निकला तो हम समाज के किसी काम के न ठहरे, समाज को हमसे कोई आशा नहीं, हम समाज में रहने योग्य नहीं। किसी कर्म में प्रवृत्त होने के पहले यह स्वीकार करना आवश्यक होता है कि वह कर्म या तो हमारे लिए या समाज के लिए अच्छा है। इस प्रकार की स्वीकृति कर्म की पहली तैयारी है। श्रद्धा द्वारा हम यह आनन्दपूर्वक स्वीकार करते हैं कि कर्म के अमुक-अमुक दृष्टान्त हैं। अतः श्रद्धा धर्म की पहली सीढ़ी है। धर्म के इस प्रथम सोपान पर प्रत्येक मनुष्य को रहना चाहिए, जिससे जब कभी अवसर आये तब वह कर्म रूपी दूसरे सोपान पर हो जाये।

अब रह गयी साधन-सम्पत्ति सम्बन्धिनी श्रद्धा की बात। यहाँ पर साधन-सम्पन्नता का ठीक-ठीक भाव समझ लेना आवश्यक है। साधन-सम्पत्ति का अनुपयोग भी हो सकता है, सदुपयोग भी हो सकता है और दुरुपयोग भी हो सकता है। किसी को पद्य रचने की अच्छी अभ्यास-सम्पन्नता है। यदि शिक्षा द्वारा उसके भाव उन्नत हैं, वह सहृदय है तो वह अपनी इस सम्पन्नता का उपयोग मनोहर उच्चभावपूर्ण काव्य प्रस्तुत करने में कर सकता है; यदि उसकी अवस्था ऐसी नहीं है तो वह या तो साधारण, भाव-शून्य गद्य को गीतिका, शिखरिणी आदि नाना छन्दों में परिणत करेगा या अपनी भद्दी और कुरुचिपूर्ण भावनाओं को छन्दोबद्ध करेगा। उसके इस कृत्य पर श्रद्धा रखने वाले भी बहुत मिल जाएँगे। ऐसे व्यक्ति के प्रति जो श्रद्धा होती है वह साधन-सम्पन्नता पर ही होती है, साध्य की पूर्णता पर नहीं।

देशी कारीगरी, संगीत आदि में नियम-पालन के अभ्यास द्वारा प्राप्त इस साधन-सम्पन्नता ही पर इधर बहुत दिनों से अधिक ध्यान दिया जाने लगा था और मानव-हृदय पर मनोहारिणी कलाओं के प्रभाव का बहुत कम विचार होने लगा था। बहुत-से पुराने मकानों की कारीगरी देखिए तो उनमें बहुत-सा काम गिचपिच किया हुआ दिखाई देगा, ऐसे महीन बेल-बूटों की भिन्न-भिन्न पटरियाँ दीवारों में जमायी हुई मिलेंगी जो बिना आँख को पास ले जाकर सटाये स्पष्ट न जान पड़ेंगे। सारे मकान को एक बार में देखने से इन सबों का सम्मिलित प्रभाव दृष्टि और मन पर क्या पड़ेगा, इसका कुछ भी विचार बनाने वालों ने नहीं किया, यह स्पष्ट दिखाई

पड़ेगा। ऐसे कामों में अभ्यास का तथा समय और श्रम के व्यय (या अपव्यय) का पूरा परिचय मिलता है, पर विचार और सहृदयतापूर्वक उनके उपयोग का बहुत कम। समझने की बात है कि इमारत हाथ पर लेकर देखने की चीज नहीं है, दस-पाँच हाथ दूर पर खड़े होकर देखने की चीज है।

चित्रकारी की दशा भी इसी प्रकार की हो गयी थी। राधाकृष्ण कदम्ब के नीचे खड़े हैं। कदम्ब की एक-एक पत्ती अलग-अलग बारीकी के साथ बनी दिखाई पड़ती है। राधा की चुनरी की एक-एक बूटी बड़ी सावधानी और मिहनत के साथ बनायी गयी है। देखने वाले को यह नहीं जान पड़ता कि वह कुछ दूर पर खड़ा होकर कदम्ब और राधाकृष्ण जो एक साथ देख रहा है, बल्कि यह जान पड़ता है कि कभी तो पत्तियाँ गिनने के लिए वह पेड़ पर चढ़ता है और कभी नमूना लेने के लिए चुनरी हाथ में लेता है। ऐसी रचनाओं के प्रति श्रद्धा प्रकट की जाएगी तो वह अभ्यास, श्रम और बारीकी अर्थात् साधन-सम्पन्नता के विचार से होगी, साध्य की पूर्णता अर्थात् कला के विचार से नहीं जिसका उद्देश्य मानव-हृदय पर मधुर प्रभाव डालना है।

संगीत के पेंच-पाँच देखकर भी हठयोग याद आता है। जिस समय कोई कलावन्त पक्का गाना गाने के लिए आठ अंगुल मुँह फैलाता है और 'आ आ' करके विकल होता है उस समय बड़े-बड़े धीरों का धैर्य छूट जाता है—दिन-दिन भर चुपचाप बैठे रहने वाले बड़े-बड़े आलसियों का आसन डिग जाता है। जो संगीत नाद की मधुर गति द्वारा मन में माधुर्य का संचार करने के लिए था वह इन पक्के लोगों के हाथ में पड़कर केवल स्वरग्राम की लम्बी-चौड़ी कवायद हो गया। श्रद्धालुओं के अन्तःकरण की मार्मिकता इतनी स्तब्ध हो गयी कि एक खर-श्वान के गले से भी इस लम्बी क़वायद को ठीक उतरते देख उनके मुँह से 'वाह वाह' 'ओ हो हो' निकलने लगा। काव्य पर शब्दालंकार आदि का इतना बोझ लादा गया कि उसका सारा रूप ही छिप गया। बात यह हुई कि इन विविध कलाओं के जितने अभ्यासगम्य और श्रमसाध्य अंग थे वे तो हद से बाहर घसीटे गये और जितने सहृदयता से सम्बन्ध रखने वाले थे उन पर ध्यान ही न रहा। यदि ये कलाएँ मूर्तिमान रूप धारण करके सामने आतीं तो दिखाई पड़ता कि किसी को जलोदर हुआ है, किसी को पीलपाँव! इनकी दशा सोने और रत्नों से जड़ी गुठली धार की तलवार की-सी हो गयी।

किसी मनुष्य में बहुत अधिक शारीरिक बल देख उस पर जन-साधारण की श्रद्धा होती है और होनी चाहिए। प्रो. राममूर्ति को मोटर रोकते, लोहे के मोटे-मोटे सीकड़ तोड़ते, छाती पर 40 मन का पत्थर रखते, हाथी खड़ा करते और गाड़ी दौड़ाते देख उनके शारीरिक बल के कारण उन पर श्रद्धा होती है। अब इस सम्पन्नता का वे सदुपयोग भी कर सकते हैं, दुरुपयोग भी कर सकते हैं और अनुपयोग भी कर सकते हैं। वे इसके द्वारा किसी भारी संकट से अपनी या दूसरे की रक्षा भी कर सकते हैं और किसी निरपराध को पीड़ित भी कर सकते हैं, पर हमारी श्रद्धा बिना सदुपयोग

या दुरुपयोग की सम्भावना की कल्पना किये शुद्ध साधन-सम्पन्नता ही पर होती है। कोरे विद्वानों के प्रति जो श्रद्धा होती है वह भी साधन-सम्पन्नता ही के सम्बन्ध में होती है, उसके उपयोग की निपुणता या प्रतिभा पर निर्भर नहीं होती। विद्वत्ता किसी विषय की बहुत-सी बातों की जानकारी का नाम है जिसका संचय बहुत कष्ट, श्रम और धारणा से होता है। यह बात विद्वान की प्रतिभा पर निर्भर है कि वह ज्ञान का भण्डारी और उपयोगकर्ता दोनों हो—अर्थात् वह उत्तम चिन्तक, वक्ता, लेखक, अन्वेषक या कवि भी होकर उस संचित साधन का उपयोग करे और अपने मूल विचारों का प्रभावपूर्ण प्रकाश करे। यदि विद्वान में यह प्रतिभा नहीं है—यह शक्ति नहीं है तो वह अपनी संचित जानकारी को कला-कुशल और प्रतिभाशाली लेखकों या तत्त्वान्वेषकों के सामने रख दे कि वे उससे आवश्यकतानुसार काम लें। इस रीति से उसकी विद्वत्ता सामाजिक उपयोग में आ जाएगी।

भिन्न-भिन्न मानसिक संस्कार के लोगों में किसी विषय के सम्बन्ध रखने वाली श्रद्धा भिन्न-भिन्न मात्रा की हुआ करती है। यदि किसी को शारीरिक बल, साहस या चतुराई पर अत्यन्त अधिक श्रद्धा है तो वह इनका दुरुपयोग देखकर भी बनी रह सकती है। अत्याचारियों के बल, डाकुओं के साहस और लम्पटों की चालाकी की तारीफ संसार में थोड़ी बहुत होती ही है। एक बात और है। यदि किसी पर किसी एक विषय में अत्यन्त अधिक श्रद्धा है तो उसकी अन्य विषयों की त्रुटियों पर ध्यान नहीं जाता और कभी ध्यान भी जाता है तो वे भी सुहावनी लगती है। कोई प्रतिभाशाली कवि विलासप्रिय, मद्यप या सनकी है तो जो अत्यन्त काव्य-प्रेमी होंगे उनकी घृणा को ये दुर्गुण पूर्ण रूप से आकर्षित न कर सकेंगे। यहाँ तक कि उसके इन दुर्गुणों की चर्चा भी वे बड़ी रुचि के साथ करेंगे। बात यह है कि मनुष्य का अन्तःकरण एक है। उसकी एक साथ दो परस्पर विरुद्ध स्थितियाँ नहीं हो सकतीं। इस प्रकार की मानसिक स्तब्धता को श्रद्धान्धता कह सकते हैं। यद्यपि अश्रद्धान्ध समाज में उतना अनर्थकारी नहीं हो सकता, जितना मदान्ध, क्रोधान्ध या ईर्ष्यान्ध; पर उसकी श्रद्धा के बढ़ते-बढ़ते क्रियमाण रूप धारण करने पर और शील सम्बन्धिनी चेतना को बिल्कुल जवाब मिल जाने पर समाज के अनिष्ट में ब्याज से सहायता पहुँच सकती है।

यदि किसी अपव्ययी और मद्यप कवि पर अत्यन्त श्रद्धालु होकर कोई उसकी आर्थिक सहायता करता जाता है तो वह उस अन्याय और उपद्रव का थोड़ा बहुत उत्तरदाता अवश्य होता है जो कवि जी अपने सहवर्तियों के बीच करने में समर्थ होते हैं। यदि किसी पहलवान के बल पर प्रसन्न होकर कोई उसे हलवा-पूरी खाने के लिए कुछ महीना बाँधता है तो उसके गुंडेपन के कारण लागों को पहुँची हुई पीड़ा के दोष का वह कम-से-कम उतना भाग अवश्य पा सकता है जितना इन्द्रकृत हत्या की बँटाई के समय बहुतों को मिला था। उद्देश्य के अभाव के बल से यद्यपि इन

दोनों श्रद्धालुयों पर दोष उतना सटीक नहीं लग सकता, पर समाज की दृष्टि में व दान के पात्रता-सम्बन्धी अविवेक के अवियोग से नहीं बच सकते।

अब यहाँ पर यह प्रश्न उठता है कि शील, कला और साधन-सम्पत्ति-श्रद्धा के इन तीनों विषयों में से किसका ध्यान मनुष्य को पहले होना चाहिए और किसका पीछे। इसका बेधड़क यही उत्तर दिया जा सकता है कि जनसाधारण के लिए शील का ही सबसे पहले ध्यान होना स्वाभाविक है, क्योंकि उसका सम्बन्ध मनुष्य मात्र की सामान्य स्थिति रक्षा से है। उसके अभाव में समाज या उस आधार की स्थिति ही नहीं रह सकती जिसमें कलाओं की उपयोगिता या मनोहारिता का प्रसार और साधन-सम्पत्ति की प्रचुरता का वितरण और व्यवहार होता है।

दूसरों की श्रद्धा संसार में एक अत्यन्त वांछनीय वस्तु है, क्योंकि वह एक प्रकार का ऐसा परकीय निश्चय या विश्वास है जिसके सहारे स्वकीय कार्य सुगम होता है—जीवन की कठिनता कम होती है। जिस पर लोगों की इच्छा होती है उसके लिए व्यवहार के सब सीधे और सुगम मार्ग बन्द हो जाते हैं—उसे या तो काँटों पर या ढाई कोस नौ दिन में चलना पड़ता है। पर जो किसी प्रकार दूसरों की श्रद्धा सम्पादित कर लेता है उसके पैर रखने के लिए फूलों की पंखड़ियाँ—आजकल लाल बनात बिछाई जाती हैं। समाज में ये वस्तुएँ सच्चे गुणियों और परोपकारियों के लिए हैं, पर इन्हें छीनने और चुराने की ताक में बहुत-से चोर, चाईं और लुटेरे रहते हैं जो इनके द्वारा स्वार्थ-सांधना करना या अपनी तुच्छ मानसिक वृत्तियों को तृप्त करना चाहते हैं। इनसे समाज को हर घड़ी सावधान रहना चाहिए—इन्हें सामाजिक दण्ड देने के लिए उसे सदा सन्नद्ध रहना चाहिए। ये अनेक रूपों में दिखाई पड़ते हैं। कोई गेरुआ वस्त्र लपेटे धर्म का डंका पीटता दिखाई देता है, कोई देश-हितैषिता का लम्बा चोगा पहने देशोद्धार की पुकार करता पाया जाता है।

मनुष्य किसी ओर तीन प्रकार से प्रवृत्त होता है—मन से, वचन से और कर्म से। इनमें से मन तो देखने-दिखाने की चीज नहीं। वाणी और कार्य-प्रणाली की नकल की जाती है और बड़ी सफाई से की जाती है। हितोपदेश के गदहे ने तो बाघ की खाल ही ओढ़ी थी, पर ये लोग बाघ की बोली भी बोल लेते हैं। कहीं-कहीं केवल वचन से ही काम निकल जाता है। एक दिन मैं काशी की एक गली से जा रहा था। एक ठठेरे की दुकान पर कुछ परदेशी यात्री किसी बरतन का मोलभाव कर रहे थे और कह रहे थे कि इतना नहीं—इतना लो तो लें। इतने ही में सौभाग्यवश दुकानदारजी को ब्रह्मज्ञानियों के वाक्य याद आ गये और उन्होंने चटपट कहा "माया छोड़ो, इसे ले लो।" सोचिए तो, काशी ऐसा पुण्य-क्षेत्र! यहाँ न माया छोड़ी जाएगी तो कहाँ छोड़ी जाएगी। थोड़े दिन हुए किसी लेखक ने कहीं पढ़ा कि प्रतिभाशाली लोग कुछ उग्रता और पागलपन लिए होते हैं। तब से वे बराबर अपने में इन दोनों शुभ लक्षणों की स्थापना के यत्न में लगे रहते हैं। सुनते हैं कि पहले में वे कुछ कृतकार्य भी हुए

हैं पर पागलपन की नकल करना कुछ हँसी-खेल नहीं, भूल-चूक से कुछ समझदारी की बातें मुँह से निकल ही जाती हैं।

जैसे और सब विद्याओं की वैसी ही पर-श्रद्धाकर्षण की विद्या की भी आजकल खूब उन्नति हुई है। आश्चर्य नहीं कि इसके लिए कुछ दिनों में अलग विद्यालय खुले। श्रद्धा के यथार्थ कारण का जितना ही अभाव हो, आकर्षक को, अपनी विद्या में उतना ही दक्ष समझना चाहिए। आजकल सार्वजनिक उद्योगों की बड़ी धूम रहा करती है और बहुत से लोग निराहार परोपकार व्रत करते सुने जाते हैं। ऊपर कहा जा चुका है कि पर-श्रद्धा के सहारे कार्य में सुगमता आती है; अतः किसी कार्य-साधना के लिए जो लोग प्रयत्न द्वारा दूसरों के हृदय में श्रद्धा उत्पन्न करते हैं वे उस कार्य के अनुसार चतुर, नीतिकुशल धूर्त या पाखंडी कहे जाते हैं। पर संसार में बहुत-से ऐसे लोग भी होते हैं जिन्हें अपने ऊपर पराई श्रद्धा के चिन्तन से जो एक प्रकार का आनन्द मिलता है उसकी लत पड़ जाती है। वे पर-श्रद्धा को मनोरंजन या मानसिक भोग-विलास की एक सामग्री समझते हैं। वे पराई श्रद्धा केवल इसी निमित्त चाहते हैं और किसी उद्देश्य से नहीं। ऐसे पर-श्रद्धाभिलाषियों को मानसिक दुर्व्यसन रहता है और वे उसी प्रकार दुर्व्यसनी कहे जा सकते हैं जिस प्रकार शराबी, गँजेड़ी ओर चंडूबाज आदि। पर समाज की श्रद्धा ऐसे अपव्यय के लिए नहीं है, प्रयोजन के लिए है। ऐसे लोग अपनी धुन में कभी-कभी बड़े-बड़े सार्वजनिक कार्य भी छेड़ बैठते हैं जिनका होना उन्हें इतना अभीष्ट नहीं होता जितना अपने द्वारा होना। ये लोग पहचाने इस प्रकार जाते हैं कि वे उन कार्यों से अपने नाम का वियोग घड़ी भर भी नहीं सह सकते; यहाँ तक कि यदि वे दूसरों को कोई ऐसा कार्य हाथ में लेते देखते हैं जिसमें समाज के साधुवाद की सम्भावना होती है तो इनका पेट फूलने लगता है और ये या तो गुप्त रूप से उसमें विघ्न की व्यवस्था करते हैं या कम-से-कम उसके महत्त्व को बहुत कम करके दिखाया करते हैं। दूसरी पहचान यह है कि वे लोग ऐसे ही काम ठानते हैं जिनका नाम और आडम्बर बड़ा होता है।

ऊपर कहा जा चुका है कि श्रद्धावान् अपनी श्रद्धा द्वारा श्रद्धेय में कोई ऐसा परिवर्तन उपस्थित नहीं किया चाहता जिसका अपने लिए कोई अनुकूल फल हो। श्रद्धावान् श्रद्धेय को प्रसन्न करने की इच्छा कर सकता है, पर उस प्रसन्नता से आप कोई लाभ उठाने को नहीं। श्रद्धा न्याय-बुद्धि के पलड़े पर तुली हुई एक वस्तु है जो दूसरे पलड़े पर रखे हुए श्रद्धेय के गुण-कर्म आदि के हिसाब से होती है। श्रद्धा सत्कर्म या सद्गुण ही का मूल्य है जिससे और किसी प्रकार का सौदा नहीं हो सकता। पर जबकि इस व्यापार-युग में ज्ञान बिकता है, न्याय बिकता है, धर्म बिकता है—तब श्रद्धा ऐसे भाव क्यों न बिकें? पर असली भाव तो इस लेन-देन के व्यवहार के लिए उपस्थित नहीं किए जा सकते। खैर, नकली सही। एक भाव पर दूसरे भाव की कलई करके 'श्रद्धा श्रद्धा' कहकर हम गलियों और संवादपत्रों

में क्यों न पुकारें? ऐसे झूठे श्रद्धावानों से घिरकर झूठे श्रद्धा पात्र सच्चे श्रद्धा पात्रों को क्यों न मात करें, जबकि आजकल झूठे मोती सच्चे मोतियों को मात करते हैं?

कला-कुशल या सदाचारी अपने चारों ओर प्रसन्नता देखना चाहता है, अतः अपनी श्रद्धा द्वारा हम उसे अपनी प्रसन्नता का निश्चय मात्र कराते हैं। हमारी प्रसन्नता से उसे अपनी सामर्थ्य का बोध हो जाता है और उसका उत्साह बढ़ता है। इस प्रकार अपनी श्रद्धा द्वारा हम भी समाज का मंगल-साधन करते हैं। दूसरे की श्रद्धा का श्रद्धेय पर इतना ही प्रभाव पड़ना चाहिए, इससे अधिक नहीं। यदि हमारी श्रद्धा के कारण वह हमें किसी प्रकार का लाभ पहुँचाना चाहता है तो वह हमारी श्रद्धा को खुशामद समझता है और हमारा अपमान करता है। श्रद्धा में याचकता का भाव लेशमात्र भी नहीं है। श्रद्धा द्वारा हम अपने हृदय का परिचय मात्र देते हैं कि उसमें मार्मिकता या धर्म भाव है—सात्विक आचरण या प्रतिभा की कला से प्रसन्न होते की क्षमता है। यदि हमें किसी पर श्रद्धा है तो हमें उसके पास जाकर यह कहने की आवश्यकता नहीं है कि 'महाराज! मेरी यह श्रद्धा स्वीकार हो।' इस प्रकार की स्वीकृति की हमें कोई आवश्यकता नहीं। हम अपनी श्रद्धा के लिए अपने घर बैठे रह सकते हैं या उसे इस रीति से प्रकट कर सकते हैं जिस पर श्रद्धेय का कोई वश नहीं। यदि हमें किसी सुलेखक पर श्रद्धा है और वह इससे रुष्ट है तो भी हम उसका सच्चा चित्र और चरित्र छाप सकते हैं। इसका स्वत्व हमें समाज द्वारा प्राप्त है—इसका हक हमें कानूनन हासिल है पर वही यदि हम उस सुलेखक से प्रेम करने चलें, उसके साथ-साथ लगे फिरें और हरदम उसे घेरे रहें तो वह हमें हटा सकता है। श्रद्धा प्रदर्शित करने का जितना विस्तृत सामाजिक अधिकार हमें प्राप्त है उतना उसके विपरीत भाव अश्रद्धा या घृणा प्रकट करने का नहीं, क्योंकि श्रद्धा यदि हमने भूल से या स्वार्थवश प्रकट की तो किसी की उतनी हानि नहीं, पर यदि घृणा भूल से द्वेषवश प्रकट की तो व्यर्थ का असन्तोष और दुख फैल सकता है।

ऊपर कहा जा चुका है कि श्रद्धा के विषय तीन हैं—शील, प्रतिभा और साधन-सम्पत्ति। शील या धर्म से समाज की स्थिति, प्रतिभा से रंजन और साधन-सम्पत्ति से शील-साधन और प्रतिभा-विकास दोनों की सम्भावना है। श्रद्धेय समाज की स्थिति या सुख का विधान करता है। समाज अपने श्रद्धालु प्रतिनिधियों को कभी तो उसे आपत्ति से बचाने के लिए भेजता है—कभी कुछ भेंट उसके सामने रखने के लिए श्रद्धावश जो दान दिया जाता है वह उसी प्रकार की भेंट है। सच्चा दान दो प्रकार का होता है—एक वह जो श्रद्धावश दिया जाता है, दूसरा वह जो दयावश दिया जाता है। पण्डितों, विद्वानों और धार्मिकों को जो दान दिया जाता है वह श्रद्धावश दिया जाता है, अन्धों, लूलों और लंगड़ों को जो दान दिया जाता है वह दयावश दिया जाता है। श्रद्धा सामर्थ्य के प्रति होती है और दया असामर्थ्य के प्रति। जनसाधारण अपनी दया द्वारा केवल असामर्थ्य के उपस्थित परिणामों का, कुछ स्थान के बीच और कुछ

काल तक के लिए, निवारण कर सकते हैं; अतः श्रद्धा द्वारा वे ऐसे असाधारण जनों को अपने वित्तानुसार थोड़ी-थोड़ी शक्ति प्रदान करते हैं जो असामर्थ्य के कारणों के निराकरण से समर्थ होते हैं।

श्रद्धावश दान में उपयोगिता का तत्त्व छिपा हुआ है। स्मृतियों में श्रद्धावश दान पर बड़ा जोर दिया गया है और ऐसे दान के विषय में पात्रापात्र का विचार भी खूब किया गया है। विद्यादान में रत विद्वानों को, परोपकार में रत कर्म-वीरों को, मानव-ज्ञान की वृद्धि में तत्पर तत्वान्वेषकों को जो अभाव हो उसे हमें समाज की भूख समझनी चाहिए। इन्हें जो कुछ हम श्रद्धावश देते हैं वह ठीक समाज के दुरुस्त पेट में जाता है, जहाँ से रस-रूप में उसका संचार अंग-अंग में होता है। इसके विरुद्ध स्वार्थियों, अन्ध्यायियों आदि को जो कुछ दिया जाता है वह समाज के अंग में उसी प्रकार नहीं लगता जिस प्रकार अतीसार या संग्रहणी वाले को खिलाया हुआ अन्न। भारतवर्ष में श्रद्धा का सम्बन्ध दान के साथ इतना गहरा समझा जाता है कि अश्रद्धापूर्वक दिया हुआ दान निष्फल माना जाता है। इसी से शुष्क प्रथानुसरण के रूप में भी यदि कुछ दिया जाता है तो श्रद्धा का नाम ले लिया जाता हैं पंडों-पुरोहितों को देते हुए यजमान भी कहता है कि 'महाराज! इतनी ही श्रद्धा है' और पंडे-पुरोहित भी कहते हैं कि 'जितनी श्रद्धा हो उतना दो' यद्यपि इन पंडों और पुरोहितों के सम्बन्ध में सदा वह निश्चय नहीं रहता कि वे बड़े विद्वान्, बड़े धार्मिक या बड़े परोपकारी हैं। मनोविकार के उपयुक्त विषयों के निश्चय में कभी-कभी बुद्धि की भी थोड़ी-बहुत आवश्यकता होती है, क्योंकि एक ही व्यक्ति के प्रति किसी को श्रद्धा होती है और किसी को अश्रद्धा। इसका कारण घृणा के अन्तर्गत अच्छी तरह दिखाया गया है।

श्रद्धा और प्रेम के योग का नाम भक्ति है। जब पूज्यभाव की वृद्धि के साथ श्रद्धाभाजन के सामीप्य लाभ की प्रवृत्ति हो, उसकी सत्ता के कई रूपों के साक्षात्कार की वासना हो, तब हृदय में भक्ति का प्रादुर्भाव समझना चाहिए। जब श्रद्धेय के दर्शन, श्रवण, कीर्तन, ध्यान आदि में आनन्द का अनुभव होने लगे—जब उससे सम्बन्ध रखने वाले श्रद्धा के विषयों के अतिरिक्त बातों की ओर भी मन आकर्षित होने लगे, तब भक्ति-रस का संचार समझना चाहिए। जब श्रद्धेय का उठना, बैठना, चलना, फिरना, हँसना, बोलना, क्रोध करना आदि भी हमें अच्छा लगने लगे, तब हम समझ लें कि हम उसके भक्त हो गये। भक्ति की अवस्था प्राप्त होने पर हम अपने जीवनक्रम का थोड़ा या बहुत अंग उसे अर्पित करने को प्रस्तुत होते हैं और उनके जीवन-क्रम पर भी अपना कुछ प्रभाव रखना चाहते हैं। कभी हम अर्पण करते हैं और कभी याचना करते हैं। सारांश यह कि भक्ति द्वारा हम भक्ति-भाजन से विशेष घनिष्ठ सम्बन्ध स्थापित करते हैं—उसकी सत्ता में विशेष रूप से योग देना चाहते हैं। किसी के प्रति श्रद्धा धारण करके हम बहुत करेंगे, समय-समय पर उसकी प्रशंसा करेंगे, उसकी निन्दा करने वालों से झगड़ा करेंगे या कभी कुछ उपहार लेकर

उपस्थित होंगे, पर जिसके प्रति हमारी अनन्य भक्ति हो जायगी वह अपने जीवन के बहुत-से अवसरों पर हमें अपने साथ देख सकता है—वह अपने बहुत-से उद्योगों में हमारा योगदान पा सकता है। भक्त वे ही कहला सकते हैं जो अपने जीवन का बहुत अंश स्वार्थ (परिवार या शारीरिक सुख आदि) से विभक्त करके किसी के आश्रय से किसी ओर लगा सकते हैं। इसी का नाम है आत्म-निवेदन।

महात्माओं के ऊपर श्रद्धा मात्र करके हम उन्हें जीवन शक्ति द्वारा उपार्जित कोई फल अर्पित कर सकते हैं, पर उनके भक्त होकर हम उन्हें अपने जीवन ही के कुछ अंश को अर्पित कर देते हैं। किसी वीरव्रती महात्मा पर श्रद्धालु होकर हम आर्थिक सहायता द्वारा उसके लिए कुछ सुभीता कर सकते हैं, अपने वचनों से उसे उत्पन्न और उत्साहित कर सकते हैं, पर उसके भक्त बनकर हम अपने शारीरिक बल को उसका शारीरिक बल बनाएँगे, अपनी वाग्मिता को उसकी वाग्मिता बनाएँगे, अपनी तत्परता को उसकी तत्परता बनाएँगे, यहाँ तक कि जो कुछ हमसे होगा उसे हम उसका कर डालेंगे और इस प्रकार उसके जीवन में अपने जीवन का योग देकर उसके सामाजिक महत्त्व या प्रभाव को बढ़ाएँगे और उसके थोड़े-बहुत हम भी भागी होंगे। श्रद्धा द्वारा हम दूसरे के महत्त्व के किसी अंश के अधिकारी नहीं हो सकते, पर भक्ति द्वारा हो सकते हैं। यहाँ तक कि दूसरे की भक्ति करके हम तीसरे की भक्ति के अधिकारी हो सकते हैं। राम पर अनन्य भक्ति करके हनुमान अन्य राम-भक्तों की भक्ति के अधिकारी हुए।

श्रद्धालु महत्त्व को स्वीकार करता है, पर भक्त महत्त्व की ओर अग्रसर होता है। श्रद्धालु अपने जीवन-क्रम को ज्यों का त्यों छोड़ता है पर भक्त काँट-छाँट में लग जाता है। अपने आचरण द्वारा दूसरों की भक्ति के अधिकारी होकर ही संसार के बड़े-बड़े महात्मा समाज के कल्याण-साधन में समर्थ हुए हैं। गुरु गोविन्दसिंह को यदि केवल दण्डवत् करने वाले और गद्दी पर भेंट चढ़ाने वाले श्रद्धालु ही मिलते, दिन-रात साथ रहने वाले—अपने सारे जीवन को अर्पित करने वाले भक्त न मिलते तो वे अन्याय-दमन में कभी समर्थ न होते। इससे भक्ति के सामाजिक महत्त्व को, इसकी लोक-हितकारिणी शक्ति को स्वीकार करने में किसी को आगा-पीछा नहीं हो सकता। सामाजिक महत्त्व के लिए आवश्यक है कि या तो आकर्षित करो या आकर्षित हो। जैसे इस आकर्षण-विधान के बिना अणुओं द्वारा व्यक्त पिंडों का आविर्भाव नहीं हो सकता वैसे ही मानव-जीवन की विशद अभिव्यक्ति भी नहीं हो सकती।

भक्ति में किसी ऐसे सान्निध्य की प्रवृत्ति होती है जिसके द्वारा हमारी महत्त्व के अनुकूल गति का प्रसार और प्रतिकूल गति का संकोच होता है। इस प्रकार का सामीप्य-लाभ करके हम अपने ऊपर पहरा बिठा देते हैं—अपने को ऐसे स्वच्छ आदर्श के सामने कर देते हैं जिसमें हमारे कर्मों का प्रतिबिम्ब ठीक-ठीक दिखाई पड़ता है। जिसे अपनी वास्तविक क्षुद्रता का परिज्ञान अरुचिकर होगा वह सापेक्षिकता के भय

से महत्त्वादर्श का सामीप्य कभी न चाहेगा, दूर-दूर भागा फिरेगा। 'हमीं-हम' वाले 'तुम' भी नहीं सह सकते, 'तुम्हीं-तुम' की क्या बात है। ऐसे लोग तो स्वयं अपने लिए भक्त ढूँढ़ने निकलते हैं। भक्ति के लिए दैन्य अर्थात् दूसरे के महत्त्व के साथ अपने लघुत्व की भावना पहली बात है। इस भावना को जब मुक्त हृदय से मुग्ध होकर धारण करेंगे और दूसरे पर श्रद्धा कर लेंगे, तब हम उसके महत्त्व के सतत साक्षात्कार के लिए–अनेक रूपों में परिचय के लिए उसके सामीप्य की इच्छा करते हुए उस श्रद्धा में प्रेम का मिश्रण करेंगे और अपने बहुत से क्रियाकलाप को अपने पूज्य प्रेम-पात्र के अधीन करके स्वयं महत्त्व के अभ्यास में प्रवृत्त होंगे। जनसाधारण के लिए इस प्रकार के आश्रय द्वारा महत्त्व प्राप्ति सुगम होती है। जो उच्च-पथ पहले कष्टकर और श्रम-साध्य जान पड़ता है वही भक्ति के बल से मनोहर लगने लगता है।

व्यक्ति-सम्बन्ध-हीन सिद्धान्त-मार्ग निश्चयात्मिका बुद्धि को चाहे व्यक्त हों, प्रवर्तक मन को अव्यक्त रहते हैं। वे मनोरंजनकारी तभी लगते हैं, जब किसी व्यक्ति के जीवन-क्रम के रूप में देखे जाते हैं। शील की विभूतियाँ अनन्त रूपों में दिखलाई पड़ती हैं। मनुष्य जाति ने जब से होश सँभाला, तब से वह इन अनन्त रूपों को महात्माओं के आचरणों तथा आख्यानों और चरित्र-सम्बन्धी पुस्तकों में देखती चली आ रही है। जब इन रूपों पर मनुष्य मोहित होता है, तब सात्विक शील की ओर आप-से-आप आकर्षित होता है। शून्य सिद्धान्त-वाक्यों में कोई आकर्षण शक्ति या प्रवृत्तिकारिणी क्षमता नहीं होती। 'सदा सत्य बोलो, दूसरे की भलाई करो', 'क्षमा करना सीखो'–ऐसे-ऐसे सिद्धान्त-वाक्य किसी को बार-बार बकते सुन वैसे ही क्रोध आता है जैसा किसी बेहूदे की बात सुनकर। जो इस प्रकार की बातें करता चला जाय उससे चट कहना चाहिए–'बस चुप रहो, तुम्हें बोलने की तमीज नहीं। तुम बच्चों या कोल-भीलों के पास जाओ। ये बातें हम पहले से जानते हैं। मानव-जीवन के बीच हम इनके सौन्दर्य का विकास देखना चाहते हैं। यदि तुम्हें दिखाने की प्रतिभा या शक्ति हो तो दिखाओ, नहीं तो चुपचाप अपना रास्ता लो।' गुण प्रत्यक्ष नहीं होता, उसके आश्रय और परिणाम प्रत्यक्ष होते हैं। अनुभवात्मक मन को आकर्षित करने वाले आश्रय और परिणाम हैं, गुण नहीं। ये ही अनुभूति के विषय हैं। अनुभूति पर प्रवृत्ति और निवृत्ति निर्भर हैं। अनुभूति मन की पहली क्रिया है, संकल्प-विकल्प दूसरी। अतः सिद्धान्त-पथों के सम्बन्ध में जो आनन्दानुभव करने की बातें हैं–जो अच्छा लगने की बातें हैं, वे पथिकों में तथा उनके चारों ओर पायी जाएँगी। सत्पथ के दीपक उन्हीं के हाथ में हैं–या वे ही सत्पथ के दीपक हैं। सत्वोन्मुख प्राणियों के लिए ऐसे पथिकों के सामीप्य-लाभ की कामना करना स्वाभाविक ही है।

सामीप्य से अभिप्राय केवल किसी के साथ-साथ लगा रहना नहीं है। श्रवण, कीर्तन, और स्मरण आदि भी सामीप्य ही के विधान हैं। बाह्य और आभ्यन्तर दोनों प्रयत्नों से सामीप्य की सिद्धि होती है। स्मरण द्वारा हम अपने आराध्य को–उसके

कर्म-क्षेत्र को अपने अन्तःकरण के सामने उपस्थित करते हैं। यहाँ पर यह कहा जा सकता है कि जब हम इष्ट के कर्म-क्षेत्र को सामने लाते हैं तब उसमें ऐसे लोग भी तो आ जाते हैं जिन पर हमारी कुछ भी भक्ति नहीं। हाँ, अवश्य आते हैं। इनके द्वारा हमारे इष्ट के स्वरूप का पूर्ण विकास दिखाई पड़ता है—इनके बीच उनका (इष्ट का) रंग और खुल पड़ता है। यदि राम हमारे काम के हैं तो रावण भी हमारे काम का है। एक में हम अपने लिए प्रवृत्ति का क्रम पाते हैं, दूसरे में निवृत्ति का। जीवन में इस प्रवृत्ति और निवृत्ति का प्रवाह साथ-साथ चलता है। दुराचारी भी यदि अपने दुराचार का फल संसार के सामने पूर्ण रूप से भोग लेता है तो समाज के लिए उपयोगी ठहर जाता है। राम के हाथ से मारे जाने से रावण का जीवन भी सार्थक हो गया। यदि पापी अपने पाप का फल एकान्त में या आत्मा ही में भोगकर चला जाता है तो वह अपनी जीवन की सामाजिक उपयोगिता की एकमात्र सम्भावना को भी नष्ट कर देता है। इसी से बहुत से प्रायश्चित्तों के विधान में किए हुए पापों का सबसे समक्ष कथन आवश्यक होता है।

पाप का फल छिपाने वाला पाप छिपाने वाले से अधिक अपराधी है। पर ऐसे बहुत-से लोग होते हैं जो किसी का घर जलाते हाथ जलता है तो कहते हैं कि होम करते जला है। दुराचारियों के जीवन का सामाजिक उपयोग करने के लिए ही—संसार में धर्म की मर्यादा स्थापित करने के लिए ही श्रीकृष्ण ने अर्जुन को युद्ध में प्रवृत्त किया। यदि अधर्म में तत्पर कौरवों का नाश न होता और पांडव जीवन-भर मारे-मारे ही फिरते तो संसार में अन्याय और अधर्म की ऐसी लीक खिंच जाती जो मिटाये न मिटती। जिस समाज में सुख और वैभव के रंग में रंगी अधर्म की ऐसी लीक दिखाई पड़े उसमें रक्षा करने वाली आत्मा का अभाव तथा विश्वात्मा की विशेष कला के अवतार की आवश्यकता समझनी चाहिए, क्योंकि भगवान् श्रीकृष्ण ने कहा है :

यदा यदा हि धर्मस्य ग्लानिर्भवति, भारत।
अभ्युत्थानमधर्मस्य तदात्मानं सृजाम्यहम्।।

यदि कहीं पाप है, अन्याय है, अत्याचार है तो उनका आशुफल उत्पन्न करना और संसार के समक्ष रखना लोक-रक्षा का कार्य है। अपने ऊपर किये जाने वाले अत्याचार और अन्याय का फल ईश्वर के ऊपर छोड़ना व्यक्तिगत आत्मोन्नति के लिए चाहे श्रेष्ठ हो, पर यदि अन्यायी या अत्याचारी अपना हाथ नहीं खींचता है तो लोक-संग्रह की दृष्टि से वह उसी प्रकार आलस्य या कायरपन है जिस प्रकार अपने ऊपर किये हुए उपकार का कुछ भी बदला न देना कृतघ्नता है।

अब भगवद्भक्ति को लीजिए। ऊपर जो कुछ कहा गया उससे स्पष्ट हो गया होगा कि मनुष्य की भक्ति के आधार क्या-क्या हैं। मनुष्य विश्व-विधान का एक शुद्ध चेतन अंश है। उसके धर्म-अधर्म, दया, निष्ठुरता आदि के भाव विश्व के उतने ही अंश से सम्बन्ध रखते हैं जितने के भीतर उसे कार्य करना है। यह कार्य और कुछ

नहीं, अपनी समष्टि स्थिति और सुख-सन्तोष का प्रयत्न मात्र है। अपने कार्य-क्षेत्र के बाहर यदि वह अपने इन भावों का सामंजस्य ढूँढ़ता है तो नहीं पाता है–कहीं उसे 'जीवो जीवस्य जीवनम्' का सिद्धान्त चलता दिखाई पड़ता है, कहीं लाठी और भैंस का। वह सोचता है कि इन बातों का अनुसरण मनुष्य समाज में भी जान-बूझकर क्यों न किया जाय, यह नहीं सोचता कि मनुष्य जाति की स्थिति इन अवस्थाओं से बहुत आगे बढ़ी है, और चेतना की श्रेणी में उससे आगे की और कोई भूमि उसे दिखाई नहीं पड़ रही है। वह दया को निरर्थक समझ अपने अन्तःकरण का एक अंग ही खंडित करना चाहता है। वह किसी को काना देखकर अपनी भी एक आँख फोड़ने चलता है। कुछ दिनों पहले की सभ्यता मनुष्य-जीवन को देवतुल्य बनाने में थी, अब मर्कट तुल्य और मत्स्य तुल्य बनाने में समझी जाने लगी है। पर यह सभ्यता जड़त्व और नाश की ओर ले जाने वाली है। जब हृदय की कुछ उदात्त प्रवृत्तियाँ बोझ मालूम होने लगी हैं तब और प्राणियों की अपेक्षा अपने अन्तःकरण की पूर्णता का गर्व मनुष्य जाति कब तक कर सकती है? उसके मार्मिक अंग की व्यापकता के ह्रास और स्तब्धता की वृद्धि के भयंकर परिणाम का आभास यूरोप दे रहा है। अन्तःकरण की जितनी वृत्तियाँ हैं उनमें से कोई निरर्थक नहीं–सबका उपयोग है। इनमें से किसी की शक्ति फालतू नहीं। यदि मनुष्य इनमें से किसी को निष्क्रिय करने का अभ्यास डालेगा तो अपनी पूर्णता को खोएगा और अपनी स्थिति को जोखिम में डालेगा।

मिट्टी के ढेले, गुलाब के पौधे कुत्ते और बिल्ली की अपेक्षा मनुष्य अपने में अंशों का अधिक अंश समझता है–उस सर्वात्मा का अधिक अंश समझता है–विश्व-विधान जिसकी नित्य क्रिया है; अतः स्थिति रक्षा-विधान की जो-जो बातें अपने में हैं उनका अभाव उसके अंशी या सर्व में मानते नहीं बनता। दया, दाक्षिण्य, प्रेम, क्रोध आदि अपनी अंशात्मा में देखते हुए सर्वात्मा में उनके अभाव की धारणा मनुष्य करे तो कैसे करे? अतः ज्ञान क्षेत्र में ईश्वर की खोज हम उतने ही घेरे में करेंगे जितने में इन्द्रियों की सहायता लेकर बुद्धि पहुँचती है और कर्म-क्षेत्र में उसकी भावना हम उसे उतने ही भावों से परिमित करके करेंगे जितने की हमारे मन में जगह है : हम हैं, हम समझते हैं कि हम हैं और हम चाहते हैं कि हम रहें, ऐसी अवस्था में हम अपने स्थिति रक्षा सम्बन्धी भावों को परमावस्था पर पहुँचाकर ही उस परम भावमय की भावना करेंगे। हम उसे धर्ममय, दयामय, प्रेममय मानेंगे और यह प्रेम उसी रूप का होगा जिस रूप में उसका व्यवहार मनुष्य जाति में दिखाई पड़ता है–जिस रूप में मनुष्य जाति को उसकी आवश्यकता पड़ती है। अत्याचारी से पीड़ित होकर मनुष्य उसके कोप का आह्वान करता है, आपद्‌ग्रस्त होकर उसकी दया का भिखारी होता है, सुख से सम्पन्न होकर उसके धन्यवाद के लिए हाथ उठाता है, भक्ति से पूर्ण होकर उसके आश्रम की वांछा करता है। ये ही व्यवहार वह मनुष्य के साथ भी करता है।

अपने व्यवहार-पथ में आश्रय-प्राप्ति के निमित्त मनुष्य के लिए ईश्वर की स्वानुरूप

भावना ही सम्भव है। स्वानुभूति ही के द्वारा वह उस परमानुभूति की धारणा कर सकता है। इसी से भर्तृहरि ने 'स्वानुभूत्यैकमानाय' कहकर नमस्कार किया है। यदि चिन्मय में अपनी इतनी अनुभूति का भी निश्चय मनुष्य को न हो तो वह प्रार्थना आदि क्यों करने जाय? कुत्ते प्रार्थना क्यों नहीं करते? उसमें धर्म की प्रतिष्ठा नहीं है—अर्थात् वे चेतना की उस भूमि तक नहीं पहुँचे हैं जिसमें समष्टि स्थिति की रक्षा से सम्बन्ध रखने वाले भावों का संचार होता है। वे यह नहीं जानते कि एक-दूसरे को काटने दौड़ने से कुक्कुर समाज की उन्नति और वृद्धि नहीं हो सकती। समष्टि-रक्षा या धर्म की ओर प्रवृत्त करने वाले दया आदि भाव उन्हें प्राप्त नहीं हैं। उनमें स्वार्थ का भाव है, परमार्थ का भाव नहीं। 'धर्मो रक्षति रक्षितः' की धारणा उन्हें नहीं होती। जहाँ धर्म-भाव है वहीं ईश्वर भावना है। जिन प्राणियों में जिन भावों का विकास नहीं हुआ है उनमें उनकी चरितार्थता की आवश्यकता प्रकृति नहीं समझती।

भक्ति का स्थान मानव हृदय है—वहीं श्रद्धा और प्रेम के संयोग से उसका प्रादुर्भाव होता है। अतः मनुष्य की श्रद्धा के जो विषय ऊपर कहे जा चुके हैं उन्हीं को परमात्मा में अत्यन्त विशद रूप में देखकर ही उसका मन खिंचता है और वह उस विशद-रूप-विशिष्ट का सामीप्य चाहता है। उसके हृदय में जो सौन्दर्य का भाव है, जो शील का भाव है, जो उदारता का भाव है, जो शक्ति का भाव है उसे वह अत्यन्त पूर्ण रूप में परमात्मा में देखता है और ऐसे पूर्ण पुरुष की भावना से उसका हृदय गद्गद हो जाता है और उसका धर्म पथ आनन्द से जगमगा उठता है। धर्म-क्षेत्र या व्यवहार-पथ में वह अपने मतलब भर ही ईश्वरता से प्रयोजन रखता है। राम, कृष्ण आदि अवतारों से परमात्मा की विशेष कला देख एक हिन्दू के हृदय की सारी शुभ और आनन्दमयी वृत्तियाँ उनकी ओर दौड़ पड़ती हैं, उसके प्रेम, श्रद्धा आदि को बड़ा भारी अवलम्ब मिल जाता है। उसके सारे जीवन में एक अपूर्व माधुर्य और बल का संचार हो जाता है। उनके सामीप्य का आनन्द लेने के लिए कभी वह उनके अलौकिक रूप-सौन्दर्य की भावना करता है, कभी उनकी बाल-लीला के चिन्तन से विनोद प्राप्त करता है, कभी धर्म-बलपूर्ण उनके निर्मल चरित का गान करता है, कभी सिर झुकाकर वन्दना करता है—यहाँ तक कि जब जी में आता है, प्रेम से भरा उलाहना भी देता है। यह हृदय द्वारा अर्थात् अनुभव करते हुए धर्म में प्रवृत्त होने का सुगम मार्ग है। भक्ति हृदय से की जाती है। बुद्धि से भक्ति करना ऐसा ही है जैसा नाक से खाना और कान से सूँघना। हमारे यहाँ भक्ति-विधान के अन्तर्गत श्रवण, कीर्तन, स्मरण, सेवा, अर्चन, वन्दन, दास्य, सख्य और आत्मनिवेदन—ये नौ बातें ली गयी है। जैसा कि ऊपर कहा जा चुका है, कोरी श्रद्धा में याचकता का भाव नहीं है, जब प्रेम के साथ उसका संयोग होता है तभी इस भाव की प्राप्ति होती है। श्रद्धावान् श्रद्धेय पर अपने निमित्त किसी प्रकार का प्रभाव डालना नहीं चाहता, पर भक्त दाक्षिण्य चाहता है।

रामलीला, कृष्णलीला आदि सामीप्य-सिद्धि के विधान हैं। इस सामीप्य की कामना भक्तवर रसखान ने बड़ी मार्मिकता से इस प्रकार प्रकट की है–

मानुष हौं तो वही 'रसखान'
बसों सँग गोकुल गाँव के ग्वारन।
जौ पसु हौं तो कहा बस मेरो,
चरौं मिलि नन्द की धेनु मझारन।
पाहन हौं तौ वही गिरि को,
जो किए हरि छत्र पुरन्दर धारन।
जो खग हौं तो बसेरो करौं
मिलि कूल कलिन्दी कदम्ब के डारन।।

रामलीला द्वारा लोग वर्ष में एक बार अपने पूज्यदेव की आदर्श मानव-लीला का माधुर्य देखते हैं। जिस समय दूर-दूर के गाँवों के लोग एक मैदान में आकर इकट्ठे होते हैं तथा एक ओर जटा-मुकुटधारी विजयी राम-लक्ष्मण की मधुर मूर्ति देखते हैं और दूसरी ओर तीरों से बिधा रावण का विशाल शरीर जलता देखते हैं, उस समय वे धर्म के सौन्दर्य पर लुब्ध और अधर्म की घोरता पर क्षुब्ध हो जाते हैं। इसी प्रकार जब कृष्णलीला में जीवन की प्रफुल्लता के साथ धर्म-रक्षा के अलौकिक बल का विकास देखते हैं, तब हमारी जीवन धारणा की अभिलाषा दूनी-चौगुनी हो जाती है। हिन्दू जाति इन्हीं की भक्ति के बल से इतनी प्रतिकूल अवस्थाओं के बीच अपना स्वतन्त्र अस्तित्व बचाती चली आयी है--इन्हीं की अद्भुत आकर्षण शक्ति से वह इधर-उधर ढलने नहीं पायी है। राम और कृष्ण को बिना आँसू बहाए छोड़ना हिन्दू जाति के लिए सहज नहीं था, क्योंकि ये अवतार अलग टीले पर खड़े होकर उपदेश देने वाले नहीं थे, बल्कि मानव-जीवन में पूर्ण रूप से सम्मिलित होकर उसके एक-एक अंग की मनोहरता दिखलाने वाले थे। मंगल के अवसरों पर उनके गीत गाये जाते हैं। विमाताओं की कुटिलता की, बड़ों के आदर की, दुष्टों के दमन की, जीवन के कष्ट की, घर की, वन की, सम्पद की, विपद की जहाँ चर्चा होती है वहाँ इनका स्मरण किया जाता है।

संसार से तटस्थ रहकर शान्ति-सुखपूर्वक लोक व्यवहार-सम्बन्धी उपदेश देने वालों का उतना अधिक महत्त्व हिन्दू धर्म में नहीं है जितना संसार के भीतर घुसकर उसके व्यवहारों के बीच सात्विक विभूति की ज्योति जगाने वालों का है। हमारे यहाँ उपदेशक ईश्वर के अवतार नहीं माने गये हैं। अपने जीवन द्वारा कर्म-सौन्दर्य संगठित करने वाले ही अवतार कहे गये हैं। कर्म-सौन्दर्य के योग से उनके स्वरूप में इतना माधुर्य आ गया है कि हमारा हृदय आप-से-आप उनकी ओर खिंचा पड़ता है। जो कुछ हम करते हैं--खेलना, कूदना, हँसना, बोलना, क्रोध करना, शोक करना, प्रेम करना, विनोद करना--उन सबमें सौन्दर्य लाते हुए हम जिन्हें देखेंगे उन्हीं की

ओर ढल सकते हैं। वे हमें दूर से रास्ता दिखाने वाले नहीं हैं, आप रास्ते में चलकर हमें अपने पीछे लगाने क्या खींचने वाले हैं। जो उनके स्वरूप पर मोहित न हो वह निस्सन्देह जड़ है।

सुनि सीतापति सील सुभाउ।
मोद न मन, तन पुलक, नयन जल सो नर खेहर खाउ।।

जो उनका नाम सुनकर पुलकित होता है, जो उनके स्वरूप पर मोहित होता है, उनके सुधरने की बहुत कुछ आशा हो सकती है। जो संसार या मनुष्यत्व का सर्वथा त्याग न कर दें, उसके लिए शुद्ध जीवन का यही मार्ग है। रागों के सम्पूर्ण दमन की अपेक्षा रागों का परिष्कार ज्यादा काम में आने वाली बात है। निर्लिप्त रहकर दूसरों का गला काटने वालों से लिप्त होकर दूसरों की भलाई करने वाले लोक-कल्याण के विचार से कहीं अच्छे हैं।

जनता के सम्पूर्ण जीवन को स्पर्श करने वाला क्षात्र-धर्म है। क्षात्र-धर्म के इसी व्यापकत्व के कारण हमारे मुख्य अवतार राम और कृष्ण क्षत्रिय हैं। क्षात्र-धर्म ऐकान्तिक नहीं है। उसका सम्बन्ध लोक-रक्षा से है। 'कोई राजा होगा तो अपने घर का होगा' इससे बढ़कर झूठ बात शायद ही कोई और मिले। झूठे खिताबों के द्वारा यह कभी सच नहीं की जा सकती। कर्म-सौन्दर्य की योजना क्षात्र-जीवन में जितने रूप में सम्भव है, उतने रूपों में और किसी जीवन में नहीं। शक्ति के साथ क्षमा, वैभव के साथ विनय, पराक्रम के साथ रूप माधुर्य, तेज के साथ कोमलता, सुख-भोग के साथ परदुःख-कातरता, प्रताप के साथ कठिन धर्म-पथ का अवलम्बन इत्यादि कर्म-सौन्दर्य के इतने अधिक प्रकार के उत्कर्ष-योग और कहाँ घट सकते हैं? इसी से क्षात्र-धर्म के सौन्दर्य में जो मधुर आकर्षण है वह अधिक व्यापक, अधिक मर्मस्पर्शी और अधिक स्पष्ट है। मनुष्य की सम्पूर्ण रागात्मिका वृत्तियों को उत्कर्ष पर ले जाने और विशुद्ध करने की सामर्थ्य उसमें है।

संसार में मनुष्य मात्र की समान वृत्ति कभी नहीं हो सकती। इस बात को भूलकर जो उपदेश दिये जाया करते हैं वे पाखंड के अन्तर्गत आते हैं। वृत्तियों की भिन्नता के बीच से जो मार्ग निकल सकेगा वही लोक-रक्षा का मार्ग होगा—वही धर्म का चलता हुआ मार्ग होगा। जिसमें शिष्टों के आदर, दीनों पर दया, दुष्टों के दमन आदि जीवन के अनेक रूपों का सौन्दर्य दिखाई पड़ेगा, वही सर्वांगपूर्ण लोक-धर्म का मार्ग होगा। क्षात्र-धर्म-पालन की आवश्यकता संसार में सब दिन बनी रहेगी। कोई व्यापार युग उसे नहीं हटा सकता। किसी अनाथ अवला पर अत्याचार करने पर एक क्रूर पिशाच को हम उद्यत देख रहे हैं। समझाना-बुझाना या तो व्यर्थ है अथवा उसका समय ही नहीं है, ऐसी दशा में यदि उस अबला की रक्षा इष्ट है तो हमें चटपट उस कर्म में प्रवृत्त होना होगा जिससे उस दुष्ट को बाधा पहुँचे। उस समय का हमारा क्रोध कितना सुन्दर और अक्रोध कितना निन्दनीय होगा।

अशोक के फूल

—हजारीप्रसाद द्विवेदी

अशोक में फिर फूल आ गये हैं। इन छोटे-छोटे, लाल-लाल पुष्पों के मनोहर स्तबकों में कैसा मोहन भाव है! बहुत सोच-समझकर कन्दर्प-देवता ने लाखों मनोहर पुष्पों को छोड़कर सिर्फ़ पाँच को ही अपने तूणीर में स्थान देने योग्य समझा था। एक यह अशोक ही है।

लेकिन पुष्पित अशोक को देखकर मेरा मन उदास हो जाता है। इसलिए नहीं कि सुन्दर वस्तुओं को हतभाग्य समझने में मुझे कोई विशेष रस मिलता है। कुछ लोगों को मिलता है। वे बहुत दूरदर्शी होते हैं। जो भी सामने पड़ गया उनके जीवन के अन्तिम मुहूर्त तक का हिसाब वे लगा लेते हैं। मेरी दृष्टि इतनी दूर तक नहीं जाती। फिर भी मेरा मन इस फूल को देखकर उदास हो जाता है। असली कारण तो मेरे अन्तर्यामी ही जानते होंगे, कुछ थोड़ा-सा मैं भी अनुमान कर सका हूँ। बताता हूँ।

भारतीय साहित्य में, और इसलिए जीवन में भी, इस पुष्प का प्रवेश और निर्गम दोनों ही विचित्र नाटकीय व्यापार है। ऐसा तो कोई नहीं कह सकेगा कि कालिदास के पूर्व भारतवर्ष में इस पुष्प का कोई नाम ही नहीं जानता था; परन्तु कालिदास के काव्यों में यह जिस शोभा और सौकुमार्य का भार लेकर प्रवेश करता है वह पहले कहाँ था! उस प्रवेश में नववधू के गृह-प्रवेश की भाँति शोभा है, गरिमा है, पवित्रता है और सुकुमारता है। फिर एकाएक मुसलमानी सल्तनत की प्रतिष्ठा के साथ-ही-साथ यह मनोहर पुष्प साहित्य के सिंहासन से चुपचाप उतार दिया गया। नाम तो लोग वाद में भी लेते थे, पर उसी प्रकार जिस प्रकार बुद्ध, विक्रमादित्य का। अशोक को जो सम्मान कालिदास से मिला वह अपूर्व था। सुन्दरियों के आसिंजनकारी नूपुर वाले चरणों में मृदु आघात से वह फूलता था, कोमल कपोलों पर कर्णावतंस के रूप में झूलता था और चंचल नील अलकों की अचंचल शोभा को सौ-गुना बढ़ा देता था। वह महादेव के मन में क्षोभ पैदा करता था और मनोजन्मा देवता के एक इशारे पर कन्धे पर से ही फूट उठता था, मर्यादा पुरुषोत्तम के चित्त में सीता का भ्रम पैदा करता था। अशोक किसी कुशल अभिनेता के समान झम-से रंगमंच पर

आता है और दर्शकों को अभिभूत करके खप-से निकल जाता है। क्यों ऐसा हुआ? कन्दर्प-देवता के अन्य बाणों की कदर तो आज भी कवियों की दुनिया में ज्यों की त्यों है। अरविन्द को किसने भुलाया, आम कहाँ छोड़ा गया और नीलोत्पल की माला को कौन काट सका? नवमल्लिका की अवश्य ही अब विशेष पूछ नहीं है, किन्तु उसकी इससे अधिक कदर कभी थी भी नहीं। भुलाया गया है अशोक। मेरा मन उमड़-घुमड़कर भारतीय रस-साधना के पिछले हजारों वर्षों पर बरस जाना चाहता है। क्या यह मनोहर पुष्प भुलाने की चीज थी? सहृदयता क्या लुप्त हो गयी थी? कविता क्या सो गयी थी? ना, मेरा मन यह सब मानने को तैयार नहीं है। जले पर नमक तो यह है कि एक तरंगायित पत्र वाले निफूले पेड़ को सारे उत्तर भारत में अशोक कहा जाने लगा। याद भी किया तो अपमान करके।

लेकिन मेरे मानने न मानने से होता क्या है? ईसवी सन् के आरम्भ के आस-पास अशोक का शानदार पुष्प भारतीय धर्म, साहित्य और शिल्प में अद्‌भुत महिमा के साथ आया था। उसी समय शताब्दियों के परिचित यक्षों और गन्धर्वों ने भारतीय धर्म-सांधना को एकदम नवीन रूप में बदल दिया था। पण्डितों ने शायद ठीक ही सुझाया है कि गन्धर्व और कन्दर्प वस्तुतः एक ही शब्द के भिन्न-भिन्न उच्चारण है। कन्दर्प-देवता ने यदि अशोक को चुना है तो यह निश्चित रूप से एक आर्येतर सभ्यता की देन है। इन आर्येतर जातियों के उपास्य वरुण थे, कुबेर थे, वज्रपाणि यक्षपति थे। कन्दर्प यद्यपि कामदेवता का नाम हो गया है तथापित है वह गन्धर्व का ही पर्याय। शिव से भिड़ने जाकर एक बार यह पिट चुके थे, विष्णु से डरते थे और बुद्धदेव से भी टक्कर लेकर लौट आये थे। लेकिन कन्दर्प-देवता हार मानने वाले जीव न थे। बार-बार हारने पर भी वह झुके नहीं। नये-नये अस्त्रों का प्रयोग करते रहे। अशोक शायद अन्तिम अस्त्र था। बौद्ध-धर्म को इस नये अस्त्र से उन्होंने घायल कर दिया, शैवमार्ग को अभिभूत कर दिया और शक्ति-साधना को झुका दिया। वज्रयान इसका सबूत है। कॉल-साधना इसका प्रमाण है और कापालिक मत इसका गवाह है।

रवीन्द्रनाथ ने इस भारतवर्ष को 'महामानवसमुद्र' कहा है। विचित्र देश है यह! असुर आये, आर्य आये, शक आये, हूण आये, नाग आये, यक्ष आये, गन्धर्व आये–न जाने कितनी मानव-जातियाँ यहाँ आयीं और आज के भारतवर्ष के बनाने में अपना हाथ लगा गयीं। जिसे हम हिन्दू रीति-नीति कहते हैं, वह अनेक आर्य और आर्येतर उपादानों का अदभुत मिश्रण है। एक-एक पशु, एक-एक पक्षी न जाने कितनी स्मृतियों का भार लेकर हमारे सामने उपस्थित हैं। अशोक की भी अपनी स्मृति-परम्परा है। आम की भी है, बकुल की है, चम्पे की भी है। सब क्या हमें मालूम है? जितना मालूम है, उसी का अर्थ क्या स्पष्ट हो सका है? न जाने किस बुरे मुहूर्त में मनोजन्मा देवता ने शिव पर बाण फेंका था? शरीर जलकर राख हो गया और वामन-पुराण (षष्ठ अध्याय) की गवाही पर हमें मालूम है कि उनका रत्नमय

धनुष टूटकर खंड-खंड हो धरती पर गिर गया। जहाँ मूठ थी वह स्थान रुक्म-मणि से बना था, वह टूटकर धरती पर गिरा और चम्पे का फूल बन गया! हीरे का बना हुआ जो नाह-स्थान था, वह टूटकर गिरा और मौलसरी के मनोहर पुष्पों में बदल गया! अच्छा ही हुआ। इन्द्रनील मणियों का बना हुआ कोटि-देश भी टूट गया और सुन्दर पाटल-पुष्पों में परिवर्तित हो गया। यह भी बुरा नहीं हुआ। लेकिन सबसे सुन्दर बात यह हुई कि चन्द्रकान्त-मणियों का बना हुआ मध्यदेश टूटकर चमेली बन गया और विद्रुम की बनी निम्नतर कोटि वेला बन गयी, स्वर्ग को जीतने वाला कठोर धनुष जो धरती पर गिरा तो कोमल फूलों में बदल गया! स्वर्गीय वस्तुएँ धरती से मिले बिना मनोहर नहीं होतीं!

परन्तु मैं दूसरी बात सोच रहा हूँ। इस कथा का रहस्य क्या है? यह क्या पुराणकार की सुकुमार कल्पना है या सचमुच ये फूल भारतीय संसार में गन्धर्वों की देन हैं? एक निश्चित काल के पूर्व इन फूलों की चर्चा हमारे साहित्य में मिलती भी नहीं! सोम तो निश्चित रूप से गन्धर्वों से खरीदा जाता था। ब्राह्मण-ग्रन्थों में यक्ष की विधि में यह विधान सुरक्षित रह गया है। ये फूल भी क्या उन्हीं से मिले?

कुछ बातें तो मेरे मस्तिष्क में बिना सोचे ही उपस्थित हो रही हैं। यक्षों और गन्धर्वों के देवता—कुबेर, सोम, अप्सराएँ—यद्यपि बाद के ब्राह्मण-ग्रन्थों में भी स्वीकृत हैं, तथापि पुराने साहित्य में आप देवता के रूप में ही मिलते हैं। बौद्ध-साहित्य में तो बुद्धदेव को ये कई बार बाधा देते बताये गये हैं। महाभारत में ऐसी अनेक कथाएँ आती हैं जिनमें सन्तानार्थिनी स्त्रियाँ वृक्षों के अपदेवता यक्षों के पास सन्तान-कामिनी होकर जाया करती थीं! यक्ष और यक्षिणी साधारणतः विलासी और उर्वरता-जनक देवता समझे जाते थे। कुबेर तो अक्षय निधि के अधीश्वर भी हैं। 'यक्ष्मा' नामक रोग के साथ भी इन लोगों का सम्बन्ध जोड़ा जाता है। भरहुत, बोधगया, साँची आदि में उत्कीर्ण मूर्तियों में सन्तानार्थिनी स्त्रियों का यक्षों के सान्निध्य के लिए वृक्षों के पास जाना अंकित है। इन वृक्षों के पास अंकित मूर्तियों की स्त्रियाँ प्रायः नग्न हैं, केवल कटिदेश में एक चौड़ी मेखला पहने हैं। अशोक इन वृक्षों में सर्वाधिक रहस्यमय है। सुन्दरियों के चरण-ताड़न से उसमें दोहद का संचार होता है और परवर्ती धर्म-ग्रन्थों से यह भी पता चलता है कि चैत्रशुक्ल अष्टमी को व्रत करने और अशोक की आठ पत्तियों के भक्षण से स्त्री की सन्तान कामना फलवती होती है। अशोक कल्प में बताया गया है कि अशोक के फूल दो प्रकार के होते हैं—सफेद और लाल। सफेद तो तान्त्रिक क्रियाओं में सिद्धिप्रद समझकर व्यवहृत होता है और लाल स्मरवर्द्धक होता है। इन सारी बातों का रहस्य क्या है? मेरा मन प्राचीन काल के कुंज-टिकाच्छन्न आकाश में दूर तक उड़ना चाहता है। हाय, पंख कहाँ है?

यह मुझे प्राचीन युग की बात मालूम होती है। आर्यों का लिखा हुआ साहित्य ही हमारे पास बचा है। उसमें सब कुछ आर्य दृष्टिकोण से ही देखा गया है। आर्यों

से अनेक जातियों का संघर्ष हुआ। कुछ ने उनकी अधीनता नहीं मानी, वे कुछ ज्यादा गर्वीली थीं। संघर्ष खूब हुआ। पुराणों में इसके प्रमाण हैं। यह इतनी पुरानी बात है कि सभी संघर्षकारी शक्तियाँ बाद में देवयोनि-जात मान ली गयीं। पहला संघर्ष शायद असुरों से हुआ। यह बड़ी गर्वीली जाति थी। आर्यों का प्रभुत्व इसने कभी नहीं माना। फिर दानवों, दैत्यों और राक्षसों से संघर्ष हुआ। गन्धर्वों और यक्षों से कोई संघर्ष नहीं हुआ। वे शायद शान्तिप्रिय जातियाँ थीं। भरहूत, साँची, मथुरा आदि में प्राप्त यक्षिणी मूर्तियों की गठन और बनावट देखने से यह स्पष्ट हो जाता है कि ये जातियाँ पहाड़ी थीं। हिमालय का देश ही गन्धर्व, यक्ष और अप्सराओं की निवास-भूमि है। इनका समाज सम्भवतः उस स्तर पर था, जिसे आजकल के पण्डित 'पुनालुअन सोसाइटी' कहते हैं। शायद इससे भी अधिक आदिम! परन्तु वे नाच-गान में कुशल थे। यक्ष तो धनी भी थे। ये लोग वानरी और भालुओं को भाँति कृषिपूर्व स्थिति में भी नहीं थे और राक्षसों और असुरों की भाँति व्यापार-वाणिज्य वाली स्थिति में भी नहीं। वे मणियों और रत्नों का सन्धान जानते थे, पृथ्वी के नीचे गड़ी हुई निधियों की जानकारी रखते थे और अनायास धनी हो जाते थे। सम्भवतः इसी कारण उनमें विलासिता की मात्रा अधिक थी। परवर्तीकाल में यह बहुत सुखी जाति मानी जाती थी। यक्ष और गन्धर्व एक ही श्रेणी के थे। परन्तु आर्थिक स्थिति दोनों की थोड़ी भिन्न थी। किस प्रकार कन्दर्प-देवता को अपनी गन्धर्वसेना के साथ इन्द्र का मुसाहिब बनना पड़ा, वह मनोरंजक कथा है। पर यहाँ वह सब पुरानी बातें क्यों रटी जाएँ? प्रकृत यह है कि बहुत पुराने जमाने में आर्य लोगों को अनेक जातियों से निपटना पड़ा था। जो गर्वीली थीं, हार मानने को प्रस्तुत नहीं थीं, परवर्ती साहित्य में उनका स्मरण घृणा के साथ किया गया और जो सहज ही मिश्र बन गयीं उनके प्रति अवज्ञा और उपेक्षा का भाव नहीं रहा। असुर राक्षस, दानव, और दैत्य पहली श्रेणी में, तथा यक्ष, गन्धर्व, किन्नर, सिद्ध, विद्याधर, वानर, भालू आदि दूसरी श्रेणी में आते हैं। परवर्ती-हिन्दू-समाज इन सबको बड़ी अद्भुत शक्तियों का आश्रय मानता है, सबमें देवता-बुद्धि का पोषण करता है।

अशोक-वृक्ष की पूजा इन्हीं गन्धर्वों और यक्षों की देन है। प्राचीन साहित्य में इस वृक्ष की पूजा के उत्सवों का बड़ा सरस वर्णन मिलता है। असल पूजा अशोक की नहीं, बल्कि उसके अधिष्ठाता कन्दर्प-देवता की होती थी। इसे 'मदनोत्सव' कहते थे। महाराज भोज के 'सरस्वती-कण्ठाभरण' से जान पड़ता है कि यह उत्सव त्रयोदशी के दिन होता था। 'मालविकाग्निमित्र' और 'रत्नावली' में इस उत्सव का बड़ा सरस मनोहर वर्णन मिलता है। मैं जब अशोक के लाल स्तबकों को देखता हूँ तो मुझे वह पुराना वातावरण प्रत्यक्ष दिखाई दे जाता है। राजघरानों में साधारणतः रानी ही अपने सनूपुर चरणों के आघात से इस रहस्यमय वृक्ष को पुष्पित किया करती थीं। कभी-कभी रानी अपने स्थान पर किसी अन्य सुन्दरी को नियुक्त कर दिया

करती थीं। कोमल हाथों में अशोक-पल्लवों का कोमलतर गुच्छ आया, अलक्तक से रंजित नूपुरमय चरणों के मृदु आघात से अशोक का पाद-देश आहत हुआ—नीचे हल्की रुनझुन और ऊपर लाल फूलों का उल्लास! किसलयों और कुसुम-स्तबकों की मनोहर छाया के नीचे स्फटिक के आसन पर अपने प्रिय को बैठाकर सुन्दरियाँ अबीर, कुंकुम, चन्दन और पुष्प-सम्भार से पहले कन्दर्प-देवता की पूजा करती थीं और बाद में सुकुमार भंगिमा से पति के चरणों पर वसन्त पुष्पों की अंजलि बिखेर देती थीं। मैं सचमुच इस उत्सव को मादक मानता हूँ। अशोक के स्तबकों में वह मादकता आज भी है, पर पूछता कौन है? इन फूलों के साथ क्या मामूली स्मृति जुड़ी हुई है? भारतवर्ष का सुवर्ण-युग इस पुष्प के प्रत्येक दल में लहरा रहा है।

कहते हैं, दुनिया बड़ी भुलक्कड़ है! केवल उतना ही याद रखती है, जितने से उसका स्वार्थ सधता है। बाकी को फेंककर आगे बढ़ जाती है। शायद अशोक से उसका स्वार्थ नहीं सधा। क्यों उसे वह याद रखती? सारा संसार स्वार्थ का अखाड़ा ही तो है।

अशोक का वृक्ष जितना भी मनोहर हो, जितना भी रहस्यमय हो, जितना भी अलंकारमय हो, परन्तु है वह उस विशाल सामन्त-सभ्यता की परिष्कृत रुचि का ही प्रतीक, जो साधारण प्रजा के परिश्रमों पर पली थी, उसके रक्त के संसार कणों को खाकर बड़ी हुई थी और लाखों-करोड़ों की उपेक्षा से जो समृद्ध हुई थी। वे सामन्त उखड़ गये, समाज ढह गये और मदनोत्सव की धूमधाम भी मिट गयी। सन्तान-कामिनियों को गन्धर्वों से अधिक शक्तिशाली देवताओं का वरदान मिलने लगा—पीरों ने, भूत-भैरवों ने, काली-दुर्गा ने, यक्षों की इज्जत घटा दी दुनिया अपने रास्ते चली गयी, अशोक पीछे छूट गया!

मुझे मानव-जाति की दुर्दम धारा के हजारों वर्ष का रूप साफ दिखाई दे रहा है। मनुष्य की जीवनी-शक्ति बड़ी निर्मम है, वह सभ्यता और संस्कृति के वृथा मोहों को रौंदती चली आ रही है। न जाने कितने धर्माचारों, विश्वासों, उत्सवों और व्रतों को धोती-बहाती यह जीवन-धारा आगे बढ़ी है। संघर्षों से मनुष्य ने नयी शक्ति पाई है। हमारे सामने समाज का आज जो रूप है, वह न जाने कितने ग्रहण और त्याग का रूप है। देश और जाति की विशुद्ध संस्कृति केवल बाद की बात है। सब कुछ में मिलावट है, सब-कुछ अविशुद्ध है। शुद्ध है केवल मनुष्य की दुर्दम जिजीविषा (जीने की इच्छा)। वह गंगा की अबाधित-अनाहत धारा के समान सब कुछ को हजम करने के बाद भी पवित्र है! सभ्यता और संस्कृति का मोह क्षण-भर बाधा उपस्थित करता है, धर्माचार का संस्कार थोड़ी देर तक इस धारा से टक्कर लेता है, पर इस दुर्दम धारा में सब कुछ बह जाते हैं। जितना कुछ इस जीवनी-शक्ति को समर्थ बनाता है; उतना उसका अंग बन जाता है, बाकी फेंक दिया जाता है। धन्य हो महाकाल, तुमने कितनी बार मदनदेवता का गर्व-खण्डन किया है, धर्मराज के

कारागार में क्रान्ति मचाई है, यमराज के निर्दय तारल्य को पी लिया है, विधाता के सर्व-कर्तृत्व के अभिमान को चूर्ण किया है! आज हमारे भीतर जो मोह है, संस्कृति और कला के नाम पर जो आसक्ति है, धर्माचार और सत्यनिष्ठा के नाम पर जो जड़िमा है, उसमें का कितना भाग तुम्हारे कुष्ठनृत्य से ध्वस्त हो जाएगा, कौन जानता है! मनुष्य की जीवन-धारा फिर भी अपनी मस्तानी चाल से चलती जाएगी। आज अशोक के पुष्प-स्तबकों को देखकर मेरा मन उदास हो गया है, कल न जाने किस वस्तु को देखकर किस सहृदय के हृदय में उदासी की रेखा खेल उठेगी! जिन बातों को मैं अत्यन्त मूल्यवान समझ रहा हूँ और जिनके प्रचार के लिए चिल्ला-चिल्ला कर गला सुखा रहा हूँ, उनमें कितनी जिएँगी और कितनी बह जाएँगी; कौन जानता है! मैं क्या शौक से उदास हुआ हूँ। माया काटे कटती नहीं। उस युग के साहित्य और शिल्प मन को मसले दे रहे हैं। अशोक के फूल ही नहीं, किसलय भी हृदय को कुरेद रहे हैं। कालिदास जैसे कल्पकवि ने अशोक के पुष्प को ही नहीं, किसलयों को भी मदमत्त करने वाला बताया था—अवश्य ही शर्त यह थी कि वह दयिता (प्रिया) के कानों में झूम रहा हो—'किसलय प्रसवोऽपि विलासिनां मदयिता दयिता श्रवणार्पितः! परन्तु शाखाओं में लम्बित, वायु-लुलित किसलयों में भी मादकता है। मेरी नस-नस से आज करुण-उल्लास की झंझा उत्थित हो रही है। में सचमुच उदास हूँ।

आज जिसे हम बहुमूल्य संस्कृति मान रहे हैं, वह क्या ऐसी ही बनी रहेगी? सम्राटों-सामन्तों ने जिस आचार-निष्ठा को इतना मोहक और मादक रूप दिया था वह लुप्त हो गयी; धर्माचार्यों ने जिस ज्ञान और वैराग्य को इतना महार्घ समझा था, वह लुप्त हो गया, मध्ययुग के मुसलमान रईसों के अनुकरण पर जो रस-राशि उमड़ी थी, वह वाष्प की भाँति उड़ गयी, क्या यह मध्ययुग के कंकाल में लिखा हुआ व्यावसायिक-युग का कमल ऐसा ही बना रहेगा? महाकाल के प्रत्येक पदाघात में धरती धसकेगी। उसके कुष्ठनृत्य की प्रत्येक चारिका कुछ-न-कुछ लपेटकर ले जाएगी। सब बदलेगा, सब विकृत होगा—सब नवीन बनेगा।

भगवान् बुद्ध ने मार-विजय के बाद वैरागियों की पलटन खड़ी की थी। असल में 'मार' मदन का ही नामान्तर है। कैसा मधुर और मोहक साहित्य उन्होंने दिया। पर न जाने कब यक्षों के वज्रपाणि नामक देवता इस वैराग्यप्रवण धर्म में घुसे और बोधिसत्वों के शिरोमणि बन गये। फिर वज्रयान का अपूर्व धर्म मार्ग प्रचलित हुआ। त्रिरत्नों में मदन देवता ने आसन पाया। वह एक अजीब आँधी थी। इसमें बौद्ध बह गये, शैव बह गये शाक्त बह गये। उन दिनों 'श्रीसुन्दरीसाधनतत्पराणां योगश्च भोगश्च करस्थ एव' की महिमा प्रतिष्ठित हुई। काव्य और शिल्प के मोहक अशोक ने अभिचार में सहायता दी! मैं अचरज से इस योग और भोग की मिलन-लीला को देख रहा हूँ। ग्रह भी क्या जीवनी-शक्ति का दुर्दम अभियान था। कौन बताएगा कि कितने विध्वंस के बाद इस अपूर्व धर्म-मत की सृष्टि हुई थी? अशोक-स्तवक

का हर फूल और हर दल इस विचित्र परिणति की परम्परा ढोए आ रहा है। कैसा झबरा-सा गुल्म है।

मगर उदास होना भी बेकार है। अशोक आज भी उसी मौज में है, जिसमें आज दो हजार वर्ष पहले था। कहीं भी तो कुछ नहीं बिगड़ा है। कुछ भी तो नहीं बदला है। बदली है मनुष्य की मनोवृत्ति। यदि बदले बिना वह आगे बढ़ सकती तो शायद वह भी नहीं बदलती। और यदि वह न बदलती और व्यावसायिक संघर्ष आरम्भ हो जाता—मशीन का रण घर्घर चल पड़ता विज्ञान का सावेग धावन चल निकलता; तो बड़ा बुरा होता। हम पिस जाते। अच्छा ही हुआ जो वह बदल गयी। पूरी कहाँ बदली है? पर बदल तो रही है। अशोक का फूल तो उसी मस्ती में हँस रहा है। पुराने चित्त से इसको देखने वाला उदास होता है। वह अपने को पण्डित समझता है। पण्डिताई भी एक बोझ है—जितनी ही भारी होती है उतनी ही तेजी से डुबाती है। जब वह जीवन का अंग बन जाती है तो सहज हो जाती है। तब वह बोझ नहीं रहती। वह उस अवस्था में उदास भी नहीं करती। कहाँ! अशोक का कुछ भी तो नहीं बिगड़ा है। कितनी मस्ती में झूम रहा है! कालिदास इसका रस ले सके थे—अपने ढंग से। मैं भी ले सकता हूँ, अपने ढंग से। उदास होना बेकार है।

चेतना का संस्कार

—सच्चिदानन्द हीरानन्द वात्स्यायन 'अज्ञेय'

मानव के लातीनी नाम का अर्थ होता है 'बुद्धि-प्राण जीव'। निस्सन्देह यह मानव की एक शक्ति की प्रशस्ति है, किन्तु यह कहना कठिन है कि इस शक्ति का उचित प्रयोग प्रत्येक मानव करता है। चेतन तो प्रत्येक मानव है, परन्तु यह चेतना उस सीमा तक अपेक्षाकृत बहुत कम व्यक्तियों में पहुँचती है, जिस पर पहुँचकर वह बुद्धि की अभिधा प्राप्त कर सके। आज मानव की किसी शक्ति का प्रयोग हम व्यापक रूप में देख सकते हैं, तो वह वास्तव में मानव की कोई शक्ति नहीं है, मानव द्वारा वशीकृत जड़ पदार्थ की शक्ति है। आज निस्सन्देह सत्ता का युग है, लेकिन वह सत्ता पैसे की है, धातु की है, यन्त्र की है, आर्थिक संगठन की है।

क्या यह परिस्थिति वांछनीय है? क्या जैसा कि कुछ लोगों का दावा है, यह वास्तव में जनतन्त्र के चरम विकास की अवस्था है? क्या जो संघर्ष आज संसार को व्याप रहा है और जिसका प्रत्येक परिवर्तन उसे व्यापकतर बनाता जा रहा है, वह वास्तव में उसी सत्ता के विकास से उत्पन्न नहीं हुआ, जिसे हम संस्कृति और संस्कृति का मुकुट जानते हैं? सूत्र रूप में कहा जाता है कि यह संघर्ष दो विचार-परिपाटियों का संघर्षण है—जनतन्त्रवाद और अधिनायकवाद का। किन्तु क्या गहराई तक जाकर देखने से यही परिणाम नहीं निकलता कि इन दोनों का संघर्ष दो अत्यन्त भिन्न शक्तियों का संघर्ष नहीं, बल्कि एक ही शक्ति के अनिवार्य अन्तर्विरोध का भीषण विस्फोट मात्र है? उलझन के युग में अकेली बुद्धि अपर्याप्त जान पड़ने लगती है, किन्तु हमें पहले समस्याओं की बुद्धि के प्रकाश में तो देखना ही चाहिए। बुद्धि अपर्याप्त हो सकती है, किन्तु ऐसी पूर्वधारणा बनाकर चलना भूल होगी और ऐसा परिणाम निकालने के लिए बुद्धि का प्रयोग आवश्यक होगा।

सबसे पहले आज के युग की कुछ विशेषताओं का निरूपण किया जाय। युग-लक्षणों में पहला यह है कि हमारे पास अभूतपूर्व सत्ता है। इतनी सत्ता किसी युग में किसी जाति या समाज या वर्ग के पास नहीं हुई। यान्त्रिक आविष्कारों की सहायता से हमने अपनी भूख शारीरिक सामर्थ्य को बहुत प्रसारित कर लिया है।

बोझा उठाने की मशीनों के द्वारा हमने अपनी भुजाओं का बल सहस्र गुना बढ़ा लिया है। रेलों और मोटरों के आविष्कार से हमने अपने पैरों की गति असंख्य गुना तीव्र कर ली है, विराट उत्पादन की कलें मानो असंख्य नये मजदूर हैं और अनेक प्रकार के गणक यन्त्र मानो उतने ही परिष्कृत सहायक मस्तिष्क हैं।

सत्ता के इस बहुमुख अधिकरण का परिणाम क्या हुआ है? स्पष्ट है कि हमारी सामर्थ्य—रचना करने की भी और विनाश करने की भी—पिछले किसी भी युग की अपेक्षा कई गुना बढ़ गयी है। लेकिन शोचनीय बात यह है कि इस शक्तिबुद्धि के साथ हमारी विवेकबुद्धि उसी अनुपात में नहीं हुई। सत्ता हमारे पास है, सत्ता का ज्ञान भी हमें है, लेकिन सत्ता का उचित प्रयोग करने की समझ हमें नहीं है। अपनी इन विराट् सत्ता के आगे हम स्वयं विवश से हैं। हम कह सकते हैं कि सत्ता और विवेक का यह वैषम्य, यह मौलिक विसंगति ही हमारी सभ्यता का विशेष लक्षण है—सभ्यता का विशेष लक्षण भी और विशेष खतरा भी। हमारी सभ्यता की और हमारे युग की बुनियादी समस्या यही है कि किस प्रकार अपने विवेक का इस हद तक परिष्कार किया जा सके कि हम अपनी बढ़ी हुई और बढ़ती हुई शक्ति की ललकार का सामना कर सकें, उस शक्ति को कूलबद्ध करके नियमित करने की सामर्थ्य अपने भीतर उत्पन्न कर सकें।

समस्या का यह उदाहरण लीजिए। प्राकृतिक साधनों का अर्थात् जीवन के स्थूल उपकरणों का, नियन्त्रण करने में हम अपने पूर्वजों से कहीं आगे बढ़ गये हैं। किन्तु व्यक्तिगत आचार-नियन्त्रण के क्षेत्र में हमने क्या किया है? और सामाजिक जीवन के नियन्त्रण में हम कितना आगे बढ़े हैं? क्या हम कह सकते हैं कि पहले क्षेत्र में मनु या याज्ञवल्क्य से, या दूसरे प्राचीन जनपदों से या यूनानी जनतन्त्र से उसी अनुपात में आगे बढ़ गये हैं, जितना कि कृषि-विज्ञान के क्षेत्र में आज का ट्रैक्टर (Tractor) प्राचीन युग की मिट्टी गोड़ने की खुरपी से? हमें मानना पड़ेगा कि भौतिक विकास के साथ-साथ हमारा आत्मिक विकास नहीं चल सका है।

यह वैषम्य इतना तीव्र है कि कहीं-कहीं यह शंका भी होने लगती है कि शायद भौतिक विकास के साथ-साथ हमारा आध्यात्मिक ह्रास होता गया है—कि भौतिक शक्तियों पर हमारी पकड़ जितनी दृढ़ होती गयी है, आत्मा की प्रवृत्तियों पर हमारा वश उतना ही निर्बल होता गया है। धर्म का—चाहे उस धर्म को एक रूढ़ि ही कह लें—महत्त्व आधुनिक जीवन में घटता गया है और नैतिकता की चेतना क्षीण होती गयी है, फलतः एक विशेष प्रकार का भोगवाद आधुनिक मानव के मन पर छाता गया है, और उसकी नैतिकता की आँखों की ज्योति मन्द पड़ती गयी है। उसकी नैतिक दृष्टि ने तात्कालिक अगले कदम से परे कुछ भी देखना अनावश्यक मान लिया है। तात्कालिक सुख, तात्कालिक सिद्धि, तात्कालिक सफलता ही मानो उसके प्रत्येक कार्य की एकमात्र कसौटी हो गयी है। इसे छोड़कर कोई दूसरी कसौटी उसे सहन

नहीं होती, और दूसरी ओर इस कसौटी से यदि उसकी बुद्धि अथवा चेतना बिल्कुल ही मर नहीं गयी है तो उसे कोई स्थायी सन्तोष या शक्ति नहीं मिलती। इस विराट् क्रिया को समझने के लिए आधुनिक हिन्दी-काव्य में बड़े वेग के साथ जो भोगवादी लहर आयी, और उतने ही वेग के साथ स्खलित और खंडिता होकर एक विक्षोभ और अपर्याप्तता की भावना में परिणत हो गयी, वह इसका एक सांकेतिक उदाहरण है।

यह परिस्थिति-वैषम्य क्रमशः कितना असह्य होता जा रहा है इसका न्यूनाधिक अनुभव अनेक विचाराकों ने किया है। उदाहरणतया वेल्स ने बार-बार यह कहा है कि आधनिक सभ्यता की सबसे बड़ी त्रुटि और सबसे बड़ा खतरा यही है कि उसने युवाओं और युवतियों की शक्तियों के लिए उपयुक्त मार्ग, प्रतिभा के लिए उपयुक्त क्षेत्र और आकांक्षाओं के लिए उपयुक्त वस्तुएँ नहीं प्रस्तुत कीं। आधुनिक मनस्तत्त्ववेत्ताओं ने तो बार-बार सभ्यता की इस अक्षमता और अपर्याप्तता का उल्लेख किया है।

संक्षेप में, इस वैषम्य ने विफलता और असन्तोष की जो भावना उत्पन्न की है, उसके भीतर से या उसकी आड़ में दो प्रवृत्तियाँ ऐसी प्रकट होती हैं, जिनकी रचनात्मक सम्भावनाएँ हो सकती हैं। पहली, अपने भौतिक और आध्यात्मिक विकास की विसंगति का—अपने ज्ञान और अपनी विषमता का—अनुभव, दूसरी, शिक्षित और संस्कृत व्यक्तियों को सन्तुष्ट कर सकने वाली धार्मिक रूढ़ि की कमी और इस शून्य से उत्पन्न होने वाला असन्तोष और आन्तरिक आक्रोश। इन दोनों प्रवृत्तियों से पार पाने वाला जीवन की उद्देश्यहीनता का ज्ञान मानव को प्रेरित करता है कि वह नये उद्देश्य की खोज करे। प्रकृति का नियम है कि वह शून्य को सहन नहीं करती, भौतिक विज्ञान का यह सत्य आध्यात्मिक क्षेत्र में भी लागू होता है। इसी बात को किसी दार्शनिक ने यहों कहा है कि मानव स्वभावतया श्रद्धावान् है। यदि उसे श्रद्धा के लिए योग्य पात्र नहीं मिलेगा, तो वह उसे अयोग्य पात्र को ही दे देगा। निस्सन्देह मानव अपने ह्रासगत धर्म और आचार शास्त्र के स्थान में किसी नयी पद्धति की उद्भावना करेगा। ऐसा कब होगा, यह नहीं कहा जा सकता। कहा केवल इतना जा सकता है कि ऐसा होना अनिवार्य है।

यदि यह ठीक है कि सभ्यता की वर्तमान अवस्था की मूल विसंगति यही है कि उसने साधनों के विकास और नियन्त्रण की दौड़ में साध्य को भुला दिया है, तब परिणाम यह निकलता है कि परिस्थिति का सुधार करने के लिए यह आवश्यक है कि वह जीवन के लिए नये साध्य, नये उद्देश्य खोज निकाले, नये आदर्शों की प्रतिष्ठा करे। किन्तु आदर्श तो मानव की चेतना के ही अनुरूप हो सकते हैं। उसकी चेतना जितनी अधिक या कम विकसित होगी, उसको उतना ही दूरव्यापी या तात्कालिक आदर्श आकर्षित करेगा। अभी तक मानव के कार्यों की मौलिक प्रेरणाएँ स्वार्थ और अहंकार से अनुप्राणित रही हैं। इसीलिए अभी तक मानवीय चेतना के लिए सत्ता

का–सम्पत्ति और सुख का–आकर्षण सबसे तीव्र रहा है। इस परिस्थिति में सुधार तभी सम्भव है जबकि मानव नये आदर्शों की स्थापना करे–अर्थात् उसके कर्म एक नये प्रकार की प्रेरणा द्वारा अनुप्राणित हों–मानव ही एक नये प्रकार का प्राणी हो। यदि हमारा अब तक का विकास कुछ भी अर्थ रखता है, तो उसकी माँग है कि हम जीवन के प्रवाह की दिशा को बदलें। या यों कहें कि सभ्यता के विकास की गति में हम जहाँ तक पहुँच गये हैं, उससे आगे बढ़ने के लिए मानवीय चेतना को परिष्कृत करना, उसे एक नया संस्कार देना अनिवार्य है।

यदि हम जीवन-विकास का क्रमागत अध्ययन करें, तो हम पाएँगे कि इसे दो मुख्य युगों में विभाजित किया जा सकता है। पहला युग मुख्यतया शारीरिक विकास का युग था। प्रारम्भिक कोषबद्ध जीवाणु से उत्तरोत्तर बड़े जीवों का विकास हुआ और फिर निरी स्थूलता को छोड़कर विकास की गति अधिक जटिल आकारों का निर्माण करने लगी। अमीबाँ (Amoeba) से लेकर डाइनोसार (dinosaur) अथवा ब्रोंटोसार (brontosaur) आदि महाकाय जन्तुओं तक पहुँचकर प्रकृति के कुशल हाथों ने अन्य प्रकार के जीव-जन्तु बनाने आरम्भ किए, जो इनसे अधिक बड़े नहीं लेकिन अधिक समर्थ थे। इसी क्रम में अनेक प्रकार के बन्दर आये और फिर प्राकृतिक सृष्टि का अवान्तर मानव। मानव निरे शारीरिक विकास की मानो अन्तिम सीढ़ी ह। यहाँ से और आगे बढ़ने के लिए विकास की क्रिया को एक नयी दिशा ग्रहण करनी पड़ी–विकास के दूसरे युग का आरम्भ हुआ, जिसे हम वैज्ञानिक युग अथवा आविष्कार युग कह सकते हैं। इस युग में मानव ने नये-नये आविष्कारों द्वारा अपनी सत्ता को प्रसारित और अपने जीवन-क्षेत्र को विकसित किया। इस क्रिया को जीव-विज्ञान की दृष्टि से देखें तो कहना होगा कि इस प्रकार मानव ने अपने शारीरिक सामर्थ्य को ही नयी दिशाओं में विकसित किया, क्योंकि ये सब यन्त्र और कलें मानव के लिए नये अंग और नये अवयव होती हैं।

निस्सन्देह वैज्ञानिक विकास का युग शारीरिक विकास के युग की तुलना में बहुत अल्पकालिक रहा है, किन्तु इन कई हजार वर्षों के आविष्कारशील जीवन के बाद ऐसा जान पड़ने लगा है कि यह दूसरा युग भी समाप्त हो चला है। नये आविष्कारों के बीच भी ऐसे लक्षण दीखने लगे हैं, जिनसे शंका होती है कि युगान्त कालीन युग का आरम्भ हो गया है। उदाहरणतया विज्ञान में विशेषीकरण (Specialistion) बढ़ता जा रहा है और समन्वय की प्रवृत्ति बिल्कुल नहीं है। वैज्ञानिक लोग अपने क्षेत्र में नित्य नये आविष्कार करते हैं, परन्तु ये आविष्कार एक-दूसरे पर घटित नहीं किए जाते, अत्यन्त असम्बद्ध ही रह जाते हैं। ज्ञान की इन विभिन्न प्रवृत्तियों को एक ही सूत्र में गूँथने वाली शक्ति–दर्शन अथवा अध्यात्म अथवा धर्म–की सब ओर उपेक्षा होती है। साथ ही नित्य नये उपकरण आविष्कृत हो जाते हैं, नये साधन जुड़ते जाते हैं जिनका उपयोग करने की योग्यता हममें नहीं है।

जिन संकेतों से एक नये युग-परिवर्तन की सम्भावना होती है। विकास क्रमागत होता है, लेकिन यह स्थापना डार्विन के समय ही हो गयी थी कि विकास-गति में इस क्रमागत परिवर्तन के अतिरिक्त एक-दूसरे प्रकार का अनियमित परिवर्तन भी होता है, जिसे हम दिशा परिवर्तन (Mutation) कह सकते हैं। यों कहें कि जब किसी एक दिशा का विकास अपनी अन्तिम अवस्था तक पहुँच जाता है, तब किसी ऐसे अनियमित परिवर्तन द्वारा ही उसकी शक्ति एक नयी दिशा में प्रवाहित हो जाती है। यदि ऐसा न होता, तो विकास गति अब तक अनेक बन्द गलियों या कटरों में उलझन कर गयी होती।

प्रश्न होता है कि यदि हम किसी ऐसे मौलिक परिवर्तन की देहरी पर खड़े हैं, तो वह परिवर्तन कौन-सी दिशा लेगा और उसके सम्बन्ध में हमारा कर्तव्य क्या है? इसका उत्तर संकेत रूप में दिया जा चुका है। शरीर के और बुद्धि के विकास के बाद जब उसकी गति हमारे जीवन के तीसरे स्तर को अपनाएगी–अर्थात् विकास अब चेतना के क्षेत्र में क्रियाशील होगा। मानव को एक नयी संवेदना शक्ति, एक नयी आत्मा, एक नयी और अधिक विस्तृत चेतना प्राप्त करनी होगी, जिसके द्वारा वह जीवन के नये साध्यों की सद्भावना कर सके, और उनका अनुसरण कर सके–ऐसे साध्य, ऐसे आदर्श जो साधनों पर पाई हुई सम्पूर्ण विजय के अनुरूप हों। किन्तु यह सब तभी हो सकता है, जबकि स्वयं मानव ही इसमें योग दे। विकास की–जीवन की ही–गति क्रमशः तीव्रतर हो जाती रही है, और युग-परिवर्तन अपेक्षाकृत कम काल में होते हैं। एक युगान्त और दूसरे युगान्त के बीच का अन्तराल–युगारम्भ और युगान्त के बीच की अवधि–छोटी होती जाती है और उससे लाभ उठाने के लिए हमारा उसमें सहायक होना आवश्यक हो गया है और अब, जब चेतना के ही संस्कार का प्रश्न है, तब यह एकान्त अनिवार्य है कि उसमें हमारा सचेतन उद्योग लगा हो। विकास की अगली सीढ़ी में मानव की कल्पना भी प्रासंगिक हो गयी है।

समस्या जितनी स्पष्ट है, उसका अन्तिम निराकरण उतना स्पष्ट तो नहीं है। न यह आवश्यक ही है कि वह उतना स्पष्ट हो। वैसे चेतना के पुनःसंस्कार के परिणामों का कुछ स्थूल निरूपण अवश्य हो सकता है। सबसे महत्त्व की बात यह होगी कि हमारे चेतन और अवचेतन मतों के अवरोध मिट जाएँगे। चेतन और अवचेतन के बीच जो अवरोध विपर्यास इस समय दीखता है, और जो आधुनिक मनोविज्ञान के सहारे क्रमशः स्पष्टतर होता गया है, वह शायद उसी के सहारे दूर भी हो जायेगा। तब इस अन्तर्विरोध की हालत में स्थायित्व लाने के गुरुतर कार्य में लगी हुई हमारी शक्तियों की चेतन और अवचेतन के संघर्ष का दमन करने में होने वाली आत्मिक शक्ति का अजस्र भण्डार इस कार्य से मुक्त होकर पुनः रचनात्मक कार्य के लिए उपलब्ध होगा। हम यह ज्ञान प्राप्त करेंगे कि जीवन मात्र एक अखण्ड इकाई है जिसके साथ हमारा चेतन-सम्बन्ध भी उतना ही गहरा होगा, जितना कि हमारे

बिना जाने हमारे अवचेतन का सम्बन्ध रहा है। नयी अन्तर्दृष्टि पाकर हम सत्य के निकटतर जा सकेंगे; तत्व-चिन्तन ही नहीं, प्रत्यक्ष तत्व-ज्ञान भी प्राप्त कर सकेंगे और यद्यपि यह सूझ अभी कुछ हास्यास्पद-सी जान पड़ेगी—हम काम-वासना के चंगुल से निकल सकेंगे। शायद वेदना की अनुभूति से ऊपर उठ सकेंगे, और निस्सन्देह मानवीय सम्बन्धों और व्यापारों के लिए कोई अहिंसामूलक आधार ढूँढ़ निकालेंगे।

आस्तिकता के प्रश्न को एक तरफ भी रख दें, तो भी विकास की गति के सम्बन्ध में एक प्रश्न अवश्य उठता है, क्या विकास का कोई ध्येय है? जिस बृहत् और व्यापक क्रिया को आज विकास की अभिधा से जानते हैं उसके पीछे कोई उतना ही विराट् रचनात्मक उद्देश्य भी है, या वह केवल एक स्फुरण है, जो देश, काल और परिस्थितियों के आकस्मिक परिवर्तनों के अनुरूप बदलती रहती है, और इससे विशालतर कोई अर्थ, कोई अभिप्राय नहीं रखती? आधुनिक जीव-जीवन के पास इस प्रश्न का उत्तर नहीं है। वह अधिक-से-अधिक यही कहता है कि इस बात का कोई प्रमाण नहीं मिलता कि विकास सोद्देश्य है। आधुनिक वैज्ञानिक प्रायः इस बात को स्वीकार करने को तैयार नहीं होंगे कि विकास सोद्देश्य है। क्योंकि यह कैसे हो सकता है कि एक शक्ति आरम्भ में अन्धी रही हो और विकास-क्रम में 'सप्राण' हो जाय, सोद्देश्य रूप ग्रहण कर ले? दूसरी ओर यदि वह आरम्भ से ही सोद्देश्य थी, तो क्यों नहीं आरम्भ से ही हमें चैतन्य के लक्षण दीखते, क्यों जीव-युग अपेक्षाकृत इतना छोटा है? ये प्रश्न विचारणीय अवश्य हैं, किन्तु जहाँ वैज्ञानिक कहता है कि सोद्देश्यता का कोई प्रमाण नहीं है, वहाँ उसे यह भी स्वीकार करना ही चाहिए कि उसके विरुद्ध भी कोई अकाट्य युक्ति नहीं है। यदि जड़ से जीवन की सृष्टि हो सकती है—जैसा कि विकासवाद का बुनियादी सिद्धान्त है—तो इस क्रिया की अगली सीढ़ियाँ भी बहुत स्वाभाविक जान पड़ती हैं। जड़ से जीवित, जीवित से चैतन्य, चैतन्य से प्रेरणायुक्त अथवा सोद्देश्य... । यह सिद्धान्ततः असम्भव तो नहीं है कि विकास-क्रिया आरम्भ से ही सोद्देश्य रही हो—कम-से-कम इस अर्थ में कि आगे चलकर सोद्देश्य हो जाना उसकी गति में निहित था।

एक दूसरा प्रश्न भी उपर्युक्त अवधारणा से उठता है। मानव की 'अधिक विकसित चेतना' किस ओर उन्मुख होगी? चेतना है, तो उसका कोई विषय होना अनिवार्य है, जिसकी चेतना वह हो सके। अर्थात् चेतना के ऊँचे या नीचे सार की परख उसके विषय की सूक्ष्मता अथवा स्थूलता से ही हो सकती है। निस्सन्देह ऐसी विचारधारा हमें एक प्रकार के नूतन रहस्यवाद की ओर ले जाती है; और अनेक प्रमुख आधुनिक वैज्ञानिकों के विचारों में रहस्यवाद का पुट है भी। विचारकों में भी एल्डस हक्सले की परिकल्पना बहुत कुछ भारतीय रहस्यवादियों से मिलती-जुलती है, और उसकी दार्शनिक प्रणाली योग-दर्शन से स्पष्टतया प्रभावित है। हो सकता है कि अन्ततोगत्वा इस 'विकसित चेतना' का विषय स्वयं मानव की आत्मा हो, कि

वह चेतना अन्तर्मुखी होकर आत्मतत्व के चिन्तन-अन्वेषण में लीन हो जाय किन्तु इस प्रश्न का तात्कालिक महत्त्व नहीं है। यदि हम स्वीकार कर लेते हैं कि विकास की अगली सीढ़ी मानवीय चेतना का ही नूतन संस्कार है; यदि यह स्थापना ठीक है तो तात्कालिक समस्या है संस्कृति की जीवन के मानों के पुनः मापन की, मूल्यों के अभिनव मूल्यांकन की क्योंकि चेतना का संस्कार इसी मार्ग से हो सकता है। चेतना द्वारा अब तक जो कुछ अवगत हो सका है, संस्कृति उसी का तत्व भाग है; भविष्य में जो कुछ अवगत होगा, उसकी ओर हम इसी द्वार से बढ़ सकते हैं, इसकी उपेक्षा करके नहीं। चेतना का विकास मूलतः संस्कृति का विकास है।

तुलसी-साहित्य के सामन्त-विरोधी मूल्य

—रामविलास शर्मा

दो तरह के लेखकों ने तुलसी-साहित्य का मूल्यांकन बहुत आसान बना दिया है। पहली तरह के लेखक वे हैं जो समझते हैं कि तुलसीदास ने रामचरितमानस लिखकर इस्लाम के आक्रमण से हिन्दू धर्म की रक्षा कर ली और राम, सीता आदि के चरित्रों द्वारा हिन्दू समाज और हिन्दू संस्कृति के लिए अमर आदर्शों की प्रतिष्ठा कर दी। दूसरी तरह के आलोचक वे हैं जो समझते हैं कि तुलसीदास ने वर्णाश्रम धर्म के छिन्न-छिन्न होने के समय फिर ब्राह्मणवाद का समर्थन किया, नारी की पराधीनता आदर्श रूप में रखी और जनता को भक्तिरूपी अफीम की घूंटी देकर सुला दिया।

पहली तरह के आलोचक तुलसीदास को श्रद्धा की दृष्टि से देखते हुए उन्हें हिन्दू धर्म का उद्धारक मानते हैं। दूसरी तरह के आलोचक उन्हें प्रतिक्रियावादी कहते हैं, उनकी कला का महत्त्व स्वीकार करते हुए भी उनकी विचारधारा को प्रगति-विरोधी मानते हैं। दोनों तरह के आलोचक—श्रद्धा के बावजूद—एक ही नतीजे पर पहुँचते हैं और वह यह कि तुलसीदास जर्जर होती हुई सामन्ती संस्कृति के पोषक थे, इसलिए आज की जातीय संस्कृति के निर्माण में—'ऊँची' जाति और 'नीची' जाति के हिन्दुओं, मुसलमानों आदि की मिली-जुली संस्कृति के निर्माण में—उनकी विचारधारा कोई मदद नहीं कर सकती।

दोनों ही तरह के आलोचक भारतीय जनता को—खासकर हिन्दी भाषी जनता को—तुलसीदास की सांस्कृतिक विरासत से वंचित कर देते हैं।

क्या इस तरह की धारणाएँ वैज्ञानिक हैं? क्या वे जनता के हित में, हमारी जातीय संस्कृति के विकास के हित में हैं?

सोलहवीं सदी या उससे कुछ आगे-पीछे भारत में भक्त कवियों की एक बाढ़-सी आ गयी। न सिर्फ़ व्रज, अवध आदि हिन्दी प्रदेशों में बल्कि बंगाल, पंजाब, महाराष्ट्र आदि प्रदेशों में भी बाढ़ दिखाई दी। सन्त-साहित्य ने एक विराट् आन्दोलन का रूप ले लिया। जनता की भाषा में ऐसी रचनाएँ होने लगीं जो गाँवों तक फैल गयी। इन रचनाओं में प्रेम को सबसे ज्यादा महत्त्व दिया गया, वर्ण और धर्म का भेद प्रेम में

बाधक न समझा गया, अक्सर इस तरह के भेद की कड़ी आलोचना भी की गयी। इन प्रेममार्गी कवियों में हिन्दू, मुसलमान, सवर्ण और अछूत, सभी तरह के लोग हुए। उनमें कुछ सगुणवादी थे, कुछ निर्गुणवादी, कुछ कृष्ण के उपासक थे, कुछ राम के, कुछ यह सब कुछ एक साथ थे। मूल बात यह थी कि वे उपासना में प्रेम को मुख्य चीज मानते थे।

क्या यह भक्ति-आन्दोलन आकस्मिक घटना थी? क्या वर्ण-व्यवस्था और धार्मिक कट्टरता के बन्धन तोड़कर प्रेम की इस धारा का बहना दैवेच्छा से हुआ? मार्क्सवाद के अनुसार संस्कृति किसी समाज-व्यवस्था का मानसिक प्रतिबिम्ब है। आर्थिक व्यवस्था अगर नींव है तो संस्कृति उसके ऊपर की इमारत है। भक्ति-आन्दोलन का आधार क्या था?

जो लोग समझते हैं कि सोलहवीं सदी में सामन्ती समाज का ढाँचा ज्यों-का-त्यों बना हुआ था, अपने भीतर पैदा होने वाली नयी शक्तियों के प्रसार से चरमराने लगा था, वे भक्ति-आन्दोलन को या तो पुराने सामन्ती सम्बन्धों का ही प्रतिबिम्ब मानेंगे या फिर उसे शुद्ध कल्पना-जन्य आन्दोलन मानेंगे जिसकी जड़ें नये सामाजिक यथार्थ में गहरे न पैठी थीं। दोनों ही हालत में वे भक्ति-आन्दोलन के ऐतिहासिक महत्त्व से इनकार करेंगे।

सन्त-साहित्य का प्रसार भारतीय संस्कृति के इतिहास में एक अनूठी घटना थी, इस बात से इनकार नहीं किया जा सकता। अचानक संस्कृत का प्रभुत्व, जो सैकड़ों साल से चला आ रहा था, खत्म होता दिखायी दिया। जनता की संस्कृति, जिसे पुरोहितों ने अब तक दबाया था, पुष्पित और पल्लवित होने लगी। जो लोग खुलकर पुरोहितों के खिलाफ एक शब्द न कह सकते थे, अब खुलेआम उन्हें चुनौती देने लगे। इसका कारण क्या था? क्या सामन्ती-व्यवस्था के कमजोर हुए बिना यह सब सम्भव था?

16वीं सदी के लगभग—शेरशाह और अकबर के शासनकाल में—उत्तर भारत में सामन्ती-व्यवस्था काफी कमजोर हुई। नहरें खुदने और सड़कें बनने से यातायात में उन्नति हुई; एक ही तरह की मुद्रा के चलन से व्यापार में सुविधा हुई; राज्य और काश्तकार में सीधा सम्बन्ध स्थापित होने से जनपदों का अलगाव कम हुआ; बारूद के इस्तेमाल से केन्द्रीय राज्यसत्ता जागीरदारों की स्वच्छन्दता कम करके उन्हें अपने मातहत कर सकी; यूरुप में भारत का व्यापार बहुत बड़े पैमाने पर आगे बढ़ा; उत्तर भारत में शहरों की संख्या ही नहीं बढ़ी, उनकी जनसंख्या और उनका व्यवसायी महत्त्व भी बढ़ा; जगह-जगह अपने अधिकारों के लिए जनता ने संघर्ष किए और इस तरह भी उसकी एकता बढ़ी। इन परिस्थितियों में सामन्ती ढाँचा जर्जर हुआ। अब ढाँचे के भीतर व्यापारियों द्वारा पैदा किये पूँजीवादी सम्बन्ध जन्म लेने लगे। पुराने जनपदों का अलगाव काफी दूर हुआ और वे मिलकर एक जाति (नेशन) के रूप में संगठित

होने लगे। भक्ति-आन्दोलन इस जातीय-आन्दोलन का सांस्कृतिक प्रतिबिम्ब था।

इस जातीय-आन्दोलन में भाग लेने वाले व्यापारी, जुलाहे, कारीगर, किसान आदि थे। इनकी एकता की चाह, सामन्ती अलगाव को दूर करके मिलने की चाह भक्ति-आन्दोलन में प्रकट हुई। ऊपर से देखने में मालूम होगा कि भक्त कवियों की मूल समस्या संसार से मुक्ति पाने की समस्या थी, उनके सबसे बड़े शत्रु काम, क्रोध, मद, लोभ आदि उनके मनोविकार ही थे। गाँधीवादी विचारक सन्त-साहित्य की इसी दृष्टि से महत्त्वपूर्ण मानते हैं। लेकिन मजदूर वर्ग और पूँजीपतियों के संघर्ष के पहले आमतौर से देखा यह गया है कि वर्गसंघर्ष एक धार्मिक लिबास में सामने आता है। इस लिबास के नीचे छिपे हुए ऐतिहासिक तथ्य को देखना हर वैज्ञानिक विचारक का कर्तव्य है।

पुरोहितों और राजाओं से दबे हुए लोगों ने जब सांसारिक बन्धनों से मुक्ति पाने के लिए अपना अधिकार घोषित किया तब शासकवर्ग प्रसन्न नहीं हुआ। मुक्ति और धर्म पर वह अपना इजारा समझता था। हर वर्ण के लिए उसने धर्म-कर्म की व्यवस्था कर रखी थी; उसमें किसी तरह का हेर-फेर करने पर कठोर दण्ड देने की व्यवस्था भी थी। इसलिए सामन्तों और पुरोहितों के खिलाफ जनता के संघर्ष ने अगर धार्मिक लिबास पहना तो वह एक अनिवार्य ऐतिहासिक आवश्यकता थी।

16वीं सदी के जातीय-आन्दोलन का नेतृत्व बहुधा व्यापारी कर रहे थे। उस आन्दोलन ने जहाँ-तहाँ सक्रिय संघर्ष का रूप भी लिया। उसके सांस्कृतिक प्रतिबिम्ब—भक्ति आन्दोलन—पर अक्सर निष्क्रियतावाद का रंग चढ़ा दिखायी देता है। क्रान्तिकारी मजदूर वर्ग और उसके नतृेत्व के अभाव में यह रंग चढ़ना भी एक हद तक अनिवार्य था। आज उसके लिए किसी तरह का ऐतिहासिक समर्थन बाकी नहीं रह गया।

गोस्वामी तुलसीदास किस हद तक भक्ति-आन्दोलन का प्रतिनिधित्व करते हैं? किस हद तक उनके विचार हमारे सांस्कृतिक विकास में आज सहायक हो सकते हैं?

रामचरितमानस में जहाँ-जहाँ विप्रपद पूजा को बहुत बड़ा धर्म बतलाया गया है और विशेष रूप से उतरकाण्ड में शूद्रों के अपना वर्णधर्म त्यागने पर क्षोभ प्रकट किया गया है। इन पंक्तियों को अलग करके देखने से यह धारणा बन सकती है कि तुलसीदास अपने समय की सामन्तविरोधी गतिविधि से असन्तुष्ट थे और वे पुरानी व्यवस्था को ही बनाये रखना चाहते थे। क्या हम वर्णधर्म के समर्थन को तुलसीदास के विचारों की ऐतिहासिक सीमा मानें जिससे उनकी मूल विचारधारा पर आँच नहीं आती?

यथार्थ यह है कि वर्णाश्रम धर्म के समर्थक पुरोहितों ने तुलसीदास को काफी सताया था और तुलसीदास ने भी उनका उचित उत्तर देने में आगा-पीछा न किया था।

तुलसीदास अपने जन्म के बारे में कहते हैं :

"जायो कुल मंगन बधावनो बजायो सुनि,
भयो परिताप पाप जननी जनक को।
बारे तें ललात बिललात द्वार-द्वार दीन,
जानत हौं चारि फलचारि ही चनक को।"

यह समझने का कोई कारण नहीं दिखाई देता कि केवल अपनी दीनता से इष्टदेव को प्रभावित करने के लिए उन्होंने यह लिख दिया है। इसी तरह 'लालची ललात बिललात द्वार-द्वार दीन, बदन, मलीन मन मिटै न बिसूरना' आदि में अत्युक्ति हो सकती है लेकिन तुलसी ने, निर्धन और अकुलीन बालक को जो अपमान सहना पड़ता है, उसे स्वयं सहा था इसमें सन्देह नहीं। और यह अपमान बालकपन तक सीमित न था। जैसे-जैसे उनकी लोकप्रियता बढ़ती गयी, वैसे-वैसे उनका विरोध भी बढ़ा। जब लोग उनकी जाति-पाँति की चर्चा करके उनका उपहास करते थे, तब तुलसीदास यही कहकर जवाब देते थे कि जो गोत्र राम का है, वही गोत्र उनके सेवक का है। कभी इन विरोधियों से उदासीन होकर वे कहते—"मेरे जाति-पाँति न चहौं काहू की जाति पाँति, मेरे कोऊ काम को न हौं, काहू के काम को।" लेकिन कभी-कभी जातिवादियों को चुनौती देते हुए वह कहते :

"धूत कहौ, अवधूत कहौ, रजपूत कहौ, जुलहा कहौ कोऊ।
काहू की बेटी सों बेटा न ब्याहब काहू की जाति बिगार न सोऊ।
तुलसी सरनाम गुलाम है राम कौ जाको रुचै सो कहै कछु ओऊ।
माँगि कै खैवो मसीत को सोइबो लेबे को एक न देबे को दोऊ।"

इस एक छन्द में तुलसीदास के समूचे जीवन का संघर्ष चित्रित हो गया है। निःसन्देह उनके कार्यों से पुरोहित वर्ग आतंकित हो उठा था। वह उन्हें तरह-तरह के नाम देने लगा था और तुलसीदास को कहना पड़ा, तुम अपनी जाति लेकर खुश रहो, हमें तुमसे लेना एक है न देना दो।

जो लोग समझते हैं कि गोस्वामी तुलसीदास शूद्रों पर ब्राह्मणों के प्रभुत्व का समर्थन करते थे, वे भूल जाते हैं कि उन्होंने स्वयं इस प्रभुत्व का कटु अनुभव किया था। कवितावली के इन छन्दों में महाकवि का एक निडर व्यक्तित्व हमारे सामने उभरकर आता है जो रामभक्ति का प्रचार करता हुआ वर्णवादियों के विरोध की जरा भी परवाह नहीं करता। समूचा तुलसी-साहित्य इस चित्र की सत्यता प्रमाणित करता है।

वर्ण और जाति की व्यवस्था को चुनौती देता हुआ तुलसी का व्यंग्य स्वर सुनिये—कौन धौं सोमयागी अजामिल अधम कौन गजराज धौं बाजपेयी।

इससे स्पष्ट है कि तुलसी की भक्ति सभी जातियों और वर्णों के लोगों को मिलानेवाली थी।

और जो लोग समझते हैं कि तुलसीदास ने इस्लाम से हिन्दू धर्म की रक्षा की, वे कृपाकर उस पंक्ति पर विचार करें जिसमें महाकवि ने माँगकर खाने और मस्जिद

में सोने की बात कही है। वर्ण-व्यवस्था के रक्षकों ने ही भारतीय जनता के हृदय सम्राट तुलसीदास की यह दशा की थी। यदि तुलसीदास कुलीनता और जातिवाद के समर्थक होते तो उनकी आत्म-निवेदन वाली रचनाओं में बार-बार यह स्वर न सुनाई देता—"लोग कहैं पोचु, सो न सोचु न सँकोचु मेरे ब्याह न बरेखी जाति-पाँति न चहत हौं।" तुलसीदास की रामभक्ति का एक प्रमुख कारण यह है कि उनके प्रभु ने जातिहीन व्यक्तियों को अपनाया था। दोहावली का यह दोहा देखिए :

"जातिहीन अधजनम महि, मुकुत कीन अस-नारि।
महामन्द मन सुख चहसि, ऐसे प्रभुहिं बिसारि ॥"

पार्वती मंगल में शिव-विवाह का वर्णन करते हुए वर की विशेषताओं में यह भी है :

"कहहु काह सुनि रीझिहु बरु अकुलीनहिं।
अगुन अमान अजाति मातुपितु हीनहिं ॥"

अकुलीनता का जिक्र रामचरितमानस में भी है :

"निर्गुन निलज कुवेष कपाली।
अकुल अगेह दिगम्बर व्याली ॥"

भक्त कवियों का मूल मन्त्र था—"जाति-पाँति पूछै नहिं कोई, हरि का भजैं सो हरि का होई।" तुलसीदास इस मन्त्र को सिद्ध करने वालों की चर्चा बार-बार करते हैं। वह वाल्मीकि का हवाला देते हैं जो मरा-मरा कहकर भी मुनि हो गये—"जहाँ बाल्मीकि भये व्याध ते मुनीन्द्र साधु, मरामरा जपे सुनि सिष ऋषि सात की।" और भी

"जान आदि कवि तुलसी नाम प्रभाउ।
उलट जपत कोल ले भे ऋषिराज ॥"

इसी तरह शबरी, गीध आदि का हवाला सभी सन्तों के साहित्य में मिलता है जिन्हें प्रेम के वश होकर राम ने मुक्ति दी।

"साबरी गीध सुसेवकनि, सुगति दीन्ह रघुनाथ।
नाम उधारे अमित खल, बेद बिदित गुनगाथ ॥

तुलसीदास की भक्ति वर्ण, जाति, धर्म आदि के कारण किसी का बहिष्कार नहीं करती। जो 'अति अधरूप' समझे जाते हैं, उन "आभीर जवन किरात खस स्वपचादि" के लिए भी वह कहते हैं कि राम का नाम लेकर वे भी पवित्र हो जाते हैं। इससे उनकी भक्ति का जनवादी तत्व अच्छी तरह प्रकट हो जाता है। जिन तमाम लोगों के लिए पुरोहित वर्ग ने उपासना और मुक्ति के द्वार बन्द कर दिये थे, उन सबके लिए तुलसी ने उन्हें खोल दिया। तुलसी की जाति और कुलीनता पर पुरोहितों के आक्षेपों का यही कारण था।

जब राम चित्रकूट पहुँचते हैं, तब तुलसीदास कोल-किरातों को नहीं भूलते, "यह सुधि बोल किरातन्ह पाई। हरषे जनु नवनिधि घर आई।" बीस पंक्तियों में राम से उनकी भेंट का वर्णन करने के बाद तुलसी यह टिप्पणी देते हैं—"रामहिं केवल प्रेम

पियारा। जानि लेउ जो जान-निहारा।" जब आप याद करेंगे कि मुगल बादशाहों के जमाने में इन कोलकिरातों का आखेट होता था और जो पकड़े जाते थे वे काबुल में बेच दिये जाते थे और ब्रिटिश साम्राज्यवाद के शासन में लाखों की तादाद में इन्हें जरायमपेशा करार दिया गया, तब तुलसीदास की प्रगतिशीलता समझ में आएगी।

केवट और निषाद के प्रसंग में तुलसीदास ने विशेष रूप से दिखलाया है कि ये 'नीची' जाति के लोग राम को प्यार करके भरत और लक्षमण का दर्जा पा जाते हैं। जब निषाद अयोध्या पहुँचता है तब सब लोग उसका इस तरह आदर करते हैं मानो लक्षमण आ गये हों।

"कहि निषाद निज नाम सुबानी।
सादर सकल जोहारी रानी ॥
जानि लखन सम देहिं असीसा।
जिअहु सुखी सम लाख बरीसा ॥
निरखि निषादु नगर नर-नारी।
भए सुखी जनु लखनु निहारी।"

राम के आयोध्या लौटने पर जब निषाद विदा होता है, तब राम स्वयं कहते हैं :

"तुम्ह मम सखा भरत सम भ्राता।
सदा रहेहु पुर आवत जाता ॥"

वास्तव में तुलसी के राम पर कुछ पक्षपात का दोष भी लगाया जा सकता है कि उच्चवर्णों में से किसी को उन्होंने न तो सखा कहा, न भरत सम भ्राता कहा! यह स्नेह मानो उन्होंने वर्णाधम लोगों के लिए ही रख छोड़ा था। तुलसी का राम-राज्य वर्णहीन नहीं है। लेकिन सरयू के राजघाट पर चारों वर्ण एक साथ स्नान जरूर करते हैं।

"राजघाट सब विधि सुन्दर वर।
मज्जहिं तहाँ बरन चारिउ नर।"

इस तरह के राजघाटों का आज भी कितना अभाव है, सभी लोग जानते हैं।

इसलिए जब उतरकाण्ड में हम तुलसी को इस बात पर क्षोभ प्रकट करते देखते हैं कि शूद्र ब्राह्मणों की बराबरी करने लगे हैं, तब हम इसी नतीजे पर पहुँचते हैं कि या तो उनके विचारों में अन्तर्विरोध है या फिर यह पुरोहितों का चमत्कार है जिन्होंने अपने काम की बातें मिलाकर रामचरितमानस को अपने अनुकूल बनाने की कोशिश की। यह काम उनके लिए कुछ नया भी न था; वह और भी ग्रन्थों के साथ यह काण्ड कर चुके थे। तुलसी की भक्ति पुरोहितों का इजारा तोड़ने वाली थी। वह आभीर जवन किरात खस स्वपचादि सभी को गले लगाती थी, केवट और निषाद जैसे वर्णाधमों पर उसका स्नेह और भी ज्यादा था। वह भक्ति उस व्यवस्था का विरोध करती थी जो मनुष्य-मनुष्य को वर्णों के आचार-विचार की जंजीरों में जकड़े हुए थी। तुलसी स्वयं उन लोगों में से थे जिन पर जातिहीनता और अकुलीनता का

आक्षेप किया जाता था। उन्होंने बड़ाई पाने के लिए पुरोहित वर्ग की खुशामद नहीं की; स्वयं कुलीन बनकर पैर नहीं पुजाये। उन्होंने समाज के इतर जनों का पक्ष लिया और राम के प्रेम के आधार पर उनकी समानता की घोषणा की। उनकी भक्ति का यह सामन्त-विरोधी मूल्य है जिसें हमें अपनाना चाहिए और समाज में ऊँच-नीच का भेद, आभीर जवन किरात खस स्वपचादि का भेद, सदा के लिए खत्म कर देना चाहिए। गोस्वामी तुलसीदास ने जो काम भक्ति द्वारा किया था, आज जनता वह काम मानवबाद और जातीय पुनर्जागरण के द्वारा करती है।

पुरोहित वर्ग ने जो व्यवहार 'नीची' जातियों के साथ किया था, वही व्यवहार उसने स्त्रियों के साथ किया था। उपासना और उच्च्य शिक्षा से उन्हें वंचित किया गया था। उनके लिए एक ही धर्म था कि पति की सेवा करें। तुलसीदास ने स्त्रियों के लिए उपासना के द्वार खोल दिये। राम से मिलने, उनका स्वागत-सत्कार करने, उनका स्नेह पाने में स्त्रियाँ सबसे आगे रहती हैं। चाहे जनकपुर हो, चाहे अयोध्या हो, चाहे चित्रकूट का मार्ग हो, हर जगह इनकी भीड़-की-भीड़ दिखाई देती है। जितनी आत्मीयता तुलसी ने परस्पर ग्रामीण स्त्रियों और सीता में दिखाई है, उतनी राम, भरत या निषाद में भी नहीं दिखाई। ये ग्रामीण स्त्रियाँ ही पूज सकती थीं, "कोटि मनोज सजावन हारे। सुमुखि कहहु को आहिं तुम्हारे।" और सीता ही उनके प्रश्न का उत्तर दे सकती थीं।

"बहुरि बदन बिधु अंचल ढाँकी।
पियतन चितै भौंह करि बाँकी ॥
खंजन मंजु तिरीछे नैनति।
निज पति कहेउ तिन्हहिं सिय सैननि ॥"

और लोग राम के पैरों पड़ते हैं, उनसे भक्ति का वरदान माँगते हैं, ये स्त्रियाँ सीता के पैर तो पड़ती हैं लेकिन उल्टा उन्हें आशीष देती हैं।

"अति सप्रेम सिय पायें परि, बहु बिधि देहिं असीस।
सदा सोहागिनि होहु तुम, जब लगि महि अहि सीस।"

और जब राम अयोध्या लौटते हैं तो उनका स्वागत करने में स्त्रियाँ सबसे आगे हैं। रामचन्द्र को उदय होते देखकर अयोध्या नगर में समुद्र की तरह ज्वार आ गया है और इस ज्वार की बढ़ती हुई तरंगें स्त्रियाँ ही हैं। रामचरितमानस में भी यह दोहा अद्भुत है :

"राकाससि रघुपति पुर, सिंधु देखि हरखान।
बढ़ेउ कोलाहल करत जनु, नारि तरंग समान।"

दूसरी जगह राम के विरह का सूर्य अस्त होने पर तुलसी अयोध्या के सर में स्त्रियों को कुमुद की तरह खिला हुआ देखते हैं। इन सबको तुलसीदास अपावन समझते हों तो इससे ज्यादा आश्चर्य की बात क्या हो सकती है।

सूरदास की तरह तुलसी की स्त्रियाँ भी कृष्ण को देखने के लिए पति को भी छोड़कर भाग आती हैं, "तुलसीदास जेहि निरखि ग्वालिनी भजी नात पति तनय विसारी।" इससे यह तो नहीं मालूम होता कि पति ही ईश्वर है। लेकिन सामन्ती समाज में पति-भक्ति पर सबसे सुन्दर टिप्पणी रामचरितमानस में है जहाँ उमा अपनी माँ से विदा होती है।

"जननी उमा बोलि तब लीन्ही। लैं उछंग सुन्दर सिख दीन्ही।
करेहु सदा संकर पद पूजा। नारि धरम पति देव न दूजा।
बचन कहत भरि लोचन वारी। बहुरि लाइ उर लीन्हि कुमारी।
कत बिधि सृजी नारि जग माहीं। पराधीन सपनेहुँ सुख नाहीं।
भैं अति प्रेम बिकल महतारी। धीरज कीन्ह कुसमउ विचारी।"

एक तरफ पति-सेवा का उपदेश, दूसरी तरफ पराधीन नारी के लिए स्वप्न में भी सुख न मिलने पर क्षोभ; यह कला तुलसीदास को छोड़कर और कहीं नहीं है। जो लोग "ढोल गँवार शूद्र पशु नारी" वाली पंक्ति को वेदवाक्य समझते हैं, वे इन पंक्तियों पर विचार करें :

"कत बिधि सृजी नारि जग माहीं।
पराधीन सपनेहुँ सुख नाहीं।"

तुलसीदास स्त्रियों को पराधीन जानते हुए भी उन्हें पशुओं की तरह ताड़न की अधिकारी कहें तो इससे अधिक निर्ममता और क्या हो सकती है? लेकिन जैसा ममतापूर्ण हृदय तुलसीदास ने पाया था, वैसा हृदय और किस कवि ने पाया है? ढोल गँवार वाली पंक्ति समुद्र की बातचीत में आयी है जहाँ वह जल होने के नाते अपने को जड़ कहता है इस नियम की तरफ इशारा करता है कि जड़-प्रकृति को चेतन ब्रह्म कह संचालित करता है। वहाँ एकदम अप्रासंगिक ढंग से यह ढोल गँवार शूद्र वाली पंक्ति आ जाती है। निःसन्देह यह उन लोगों की करामात है जो यह मानने के लिए तैयार नहीं थे कि नारी पराधीन है और उसे स्वप्न में भी सुख नहीं है।

सामन्ती व्यवस्था में स्त्रियों के लिए एक धर्म है तो पुरुषों के लिए दूसरा है। तुलसी के रामराज्य में दोनों के लिए ही नियम है :

"एक नारिव्रतरत सब झारी।
ते मन वच क्रम पतिहितकारी ॥"

इस तरह पुरुष के विशेषाधिकारों को न मानकर तुलसीदास ने दोनों को समान रूप से एक ही व्रत पालने का आदेश दिया था। लेकिन विशेषाधिकारवालों ने ढोल गँवार आदि जैसी पंक्तियाँ तो गढ़ लीं, और एक नारिव्रतरत होने की बात चुपचाप पी गये। वर्तमान समाज में भी नारी अधिकार-वंचित है। पराधीनता में उसे सुख नहीं है। तरह-तरह की मीठी बातों से उसे भुलावा दिया जाता है लेकिन उसकी दासता ढँकी नहीं जा सकती। तुलसीदास के समय में ऐसी परिस्थितियाँ नहीं थीं कि पराधीनता

के पाश तोड़े जा सकें। वह केवल इस पराधीनता पर क्षोभ प्रकट कर सकते थे और एक ऐसे समाज का स्वप्न देख सकते थे जिसमें पुरुष भी एक नारी व्रतधारी हों। राम के चरित्र में उन्होंने यही दिखाया। यह दूसरी बात है कि हिन्दी आलोचना में जितनी चर्चा सीता के पतिव्रत की है, उतनी राम के पत्नीव्रत की नहीं। आज हम इस परिस्थिति में हैं कि तुलसी के स्वप्न को सत्य कर दिखाएँ।

सामन्ती समाज में साधारणतः विवाह पहले हो जाता है, प्रेम बाद में शुरू होता है। तुलसीदास ने राम और सीता के विवाह में यह दिखलाया है कि विवाह प्रेम की परिणति है। यद्यपि सीता की प्रीति पुरातन है, फिर भी लोक-व्यवहार की दृष्टि से कंकन किंकिन नूपुरधुनि में राम का मदन दुन्दुभी सुनना, सियमुख की तरफ नयन-चकोरों का देखना, और सीता द्वारा राम को हृदय में बिठाकर पलक-कपाट लगा देना आदि क्रियाओं का वर्णन तुलसी के मर्मी कवि हृदय का परिचय देता है। तुलसी केवल भक्त नहीं हैं, वे प्रेम और सौन्दर्य के कवि भी हैं। विवाह-मण्डप में सीता की तन्मयता का कितना सजीव और बारीक चित्र उन्होंने खींचा है :

"राम को रूप निहारति जानकी कंकन के नग की परछाहीं।
याते सबै सुधि भूलि गयी कर टेकि रही पल टारति नाहीं ॥"

और अपने बरवै छन्दों में तो मानो तुलसीदास ने अवध के ग्राम-गीतों की सारी मिठास उँडेल दी है :

"का घूँघट मुख मूँदहु नवला नारि।
चाँद सरग पर सोहत यहि अनुहारि ॥
गरव करहु, रघुनन्दन जनि मन माँह।
देखहु आपनि मूरति सिय कै छाँह ॥
उठी सखी हँसि मिस करि कहि मृदु बैन।
सिर रघुबर के भये उनींदे नैन ॥"

तुलसीदास ने जनसाधारण के सौन्दर्य-बोध की जैसी सुकुमार व्यंजना की है, वह हिन्दी साहित्य में अनुपम है। वर्तमान अर्द्ध-सामन्ती व्यवस्था में मनुष्य की प्रेम और सौन्दर्य की कोमल भावनाएँ बुरी तरह कुचली जाती हैं। विवाह का आधार है सम्पत्ति और कुलीनता; प्रेम करने के लिए प्रेयसी अलग होती है, बच्चे पैदा करने के लिए पत्नी अलग। सामन्ती बन्धनों के खत्म होने पर सौन्दर्य और प्रेम की भावनाएँ अपने सहज रूप में पल्लवित होंगी और नारी कवियों की नायिका-मात्र न रह जायेगी। वह श्रम करने वाली, समान अधिकार वाली नागरिक भी होगी।

तुलसीदास ब्रह्मचर्य पालन करके तपस्या द्वारा ज्ञान प्राप्त करने का आदर्श नहीं रखते। नारद में ब्रह्मचर्य पालन करने का दम्भ पैदा हुआ था, सो वह बन्दर का चेहरा पाकर नारी के पीछे दौड़ते फिरे। और विन्ध्याचल में जो व्रतधारी तप कर रहे थे, वे अहल्या का उद्धार करने वाले राम के आने की बात सुनकर बहुत प्रसन्न

हुए कि अब सब शिलाएँ चन्द्रमुखी हो जायेंगी, तुलसी के नायक साधारणजनों की तरह विवाहित जीवन बिताने वाले हैं। इसलिए तुलसीदास योगवादियों के सहज विरोधी बन जाते हैं। उनके लिए वह कहते हैं, "जागैं जोगी जंगम जती जमाती ध्यान धरैं डरैं उर भारी लोभ मोह कोह काम के।" काम, क्रोध, मद, लोभ को जीतने वाले वीर लोग रात-भर ध्यान लगाये जागा करते हैं लेकिन "सोवै सुख तुलसी भरोसे एक राम के।" सूरदास जैसे कवियों की तरह तुलसीदास भी योग के मुकाबले में सगुण की सरस उपासना की हिमायत करते हैं। कृष्ण गीतावली में तुलसी की गोपियाँ भी कहती है :

"जोग जुगति अरु मुकुति विविध विधि वा मुरली पर वारौं।"

हिन्दी में अनेक ऐसे पुरानपन्थी लेखक हैं जो योग के उद्धार में भारतीय संस्कृति का प्रसार देखते हैं। उन्हें याद रखना चाहिए कि तुलसी, सूर आदि कवियों ने चार सौ साल पहले ही भारतीय संस्कृति को चमत्कारवादियों के प्रभाव से मुक्त करने का बीड़ा उठाया था। कुण्डलिनी जगाने की कितनी ही नवीन कोशिशें करें, यह अर्द्धसामन्ती समाज-व्यवस्था अब कुछ ही दिनों की मेहमान है।

जहाँ तक संसार के प्रति दृष्टिकोण का सम्बन्ध है, तुलसीदास और निर्गुणवादियों में एक सीमा तक कोई अन्तर नहीं है। उनके लिए भी ब्रह्म व्यापक बिरज, अनीह और अभेद है। वेदान्तियों की तरह एक जगह वह कहते हैं, 'सोहमस्मि इति वृत्ति अखण्डा। दीपशिखा सोइ परम प्रचण्डा।।' निर्गुनिए सन्तों की तरह वह कहते हैं, 'सून्य भीति पर चित्र उरेहे, तनु बिन लिखा चितेरे।' 'द्वैत जनित संसृति दुख' वह भी दूर करना चाहते हैं। तुलसीदास ने ये धारणाएँ प्राचीन भाववादी दर्शन से ली हैं। लेकिन इन स्थापनाओं पर उन्होंने अपनी तरफ से जो टीका-टिप्पणी की है, वह मूल स्थापनाओं को काफी बदल देती है। वह टीका-टिपण्णी ध्यान देने योग्य है।

गोस्वामी तुलसीदास नाम और रूप को ब्रह्म की दो उपाधियाँ मानते हैं। इनमें भी वह रूप को नाम के अधीन मानते हैं। उनका कहना है कि नाम के बिना रूप का ज्ञान नहीं होता।

"देखिअहिं रूप नाम आधीना। रूप ज्ञान नहि नाम बिहीना।
रूप बिसेष नाम बिनु जाने। करतलगत न परहिं पहचाने।"

नाम के माने भाषा, तुलसी के सिद्धान्त का परिणाम यह निकलता है कि ज्ञान भाषा से परे नहीं है। वाणी और अर्थ की एकता की घोषणा करते हुए वह कहते हैं, 'गिरा अरथ जल बीचि सम, कहिअत भिन्न न भिन्न।' भाववादी दर्शन ज्ञान को भाषा से स्वतन्त्र मानता है; वस्तुवादी दर्शन दोनों की एकता मानता है। तुलसीदास की स्थापना भाववादी दर्शन के प्रतिकूल है।

नाम के बिना निर्गुनपन्थियों को भी निर्गुन ब्रह्म का पता नहीं लगता, इसलिए अगुन और सगुन के बीच तुलसीदास नाम की साखी मानते हैं, नाम के बिन ब्रह्म

का ज्ञान नहीं होता, इसलिए वह नाम को ब्रह्म से भी बड़ा मानते हैं, 'कहेउँ नाम बड़ा ब्रह्म राम तें।' सच्चिदानन्द ब्रह्म नाम-निरूपण से ही प्रकट होता हैं इस तरह ब्रह्म को नाम से बाँधकर, नाम को ब्रह्म से भी बड़ा दिखाकर गोस्वामीजी ने ब्रह्म की अगोचरता पर प्रतिबन्ध लगा दिया है। वास्तव में उनका सारा दर्शन ब्रह्म की गोचरता पर निर्भर है, इसीलिए संसार में उसकी 'लीला' उनके लिए इतनी आकर्षक हो जाती है।

गोस्वामी तुलसीदास ने कई जगह माया की चर्चा की है लेकिन उससे यह नतीजा निकालना कठिन होगा कि वह संसार को मिथ्या मानते थे। उल्टा वह उन लोगों को फटकारते हुए दिखाई देते हैं जो संसार को मिथ्या कहते हैं।

तुलसीदास की रचनाओं में बहुत-से देवी-देवता मिलते हैं। उनका ऐसा सजीव चित्रण हुआ है कि पाठक यही समझता है कि गोस्वामीजी इन सबके अस्तित्व पर विश्वास करते होंगे। लेकिन यह 'व्यापकु एक ब्रह्म अविनासी' में भी विश्वास प्रकट करते थे और जहाँ अविनासी ब्रह्म एक है, वहाँ अनेक देवी-देवताओं का अस्तित्व भ्रम ही हो सकता है।

वास्तव में देवताओं को अपना काव्य-विषय बनाते हुए तुलसीदास ने पुराणों में बताई हुई उनकी रूपरेखा में काफी फेरफार किया है। उनका उद्देश्य स्पष्ट है, भिन्न मत वालों को राम की भक्ति के आधार पर एक करना। निर्गुण और सगुणवादियों को वह नाम के आधार पर एक करते हैं, शैवों, शाक्तों और वैष्णवों को एक करने के लिए शिव को राम का प्रेमी, सीता को जगदम्बा का अवतार आदि कहते हैं। तमिलनाडु के मन्दिरों में जैसे विष्णु और शक्ति की मूर्तियाँ एक साथ दिखाई देती हैं, वैसे ही रामचरितमानस में शैव, शाक्त और वैष्णव तीनों को सन्तुष्ट करने की सामग्री दी गयी है। बहुदेवोपासना का यह रूप लौकिक व्यवहार से ही निश्चित हुआ है। कृष्ण के लिए उन्होंने कृष्ण गीतावली भी लिख दी। उनके समय में जातीय-आन्दोलन की जो धारा एकता की तरह बह रही थी, भिन्न मत वालों के इष्टदेवों के साथ यह उदार व्यवहार उसी का प्रतीक है।

लेकिन तुलसी साहित्य का मूल्य इससे अधिक है। तुलसी की भक्ति मानववाद में डूबी हुई है। यह कवि मनुष्य का सबसे बड़ा उपासक है। तुलसी ने प्राचीन महाकाव्यों की मानववादी परम्परा को आगे बढ़ाया है। "न मानुषात् श्रेष्ठतरं हि किंचित्" पर रामचरितमानस मानो सजीव भाष्य है। अनेक बार तुलसी ने भक्त को भगवान से बड़ा बतलाया है, इससे अधिक वह मानव-प्रेम का प्रमाण क्या दे सकते थे?

राम के प्रति तुलसी का सेवक-भाव है। दरिद्रता और सामाजिक उत्पीड़न के बीच तुलसी राम की तरफ हाथ उठाते हैं, कितनी व्यथा के साथ, वह कवितावली और विनयपत्रिका के अनेक पदों में देखा जा सकता है। ऐसी पीड़ा, ऐसा उत्कट आत्मनिवेदन हिन्दी-साहित्य में और कहीं प्रकट नहीं हुआ। तुलसीदास जानते थे

"नहिं दरिद्रसम दुख जग माहीं।" उन्होंने अनुभव किया था, "आगि बड़वागि से बड़ी है आगि पेट की।" उन्होंने राम से प्रार्थना की थी कि दरिद्रता के रावण ने संसार को दबा रखा है, आकर रक्षा करो—'दारिद दसानन दबाई दुनी दीन-बन्धु दुरित दहन देखि तुलसी हहा करी।' इसीलिए वह इतना व्यथित होकर राम से कहते हैं, तुम जनि मन मैलो करो लोचन जनि फेरो।"

राम उनके लिए 'दारिद दोष दवानल है' जो औरों के सामने जाँचना खत्म कर देते हैं। जब वह सामन्तों को गजशाला और पत्नीशाला से सुशोभित अपनी सम्पत्ति पर गर्व करते देखते हैं तो कहते हैं, "ऐसे भये तो कहा तुलसी जुपै जानकीनाथ के रंग न जाते।"

तुलसी के राम उनकी आशाओं के केन्द्र ही नहीं हैं, मनुष्य में वह जिन तमाम नैतिक गुणों को प्यार करते थे, वह उनके प्रतीक भी थे। ब्रह्मरूप में भले ही वह निर्गुण निर्विकार हों, मानव-रूप में वह किसी देशकाल की सीमाओं में गतिशील समाज के मानव का ही प्रतिबिम्ब हो सकते हैं। तुलसी के राम भारतीय जनता के नैतिक गुणों का प्रतिनिधित्व करते हैं। उनके चरित्र में पितृभक्ति, भ्रातृप्रेम आदि पर बार-बार लिखा गया है लेकिन तुलसीदास का लक्ष्य परिवार में पिता के अधिकार की रक्षा करना न था। राम की मानवीय सहानुभूति माता, पिता, भाई, निषाद सभी के लिए है। विशेषता यह है कि जो जितना त्यागी है, निःस्वार्थ है और दलित है, राम का प्रेम उसके लिए उतना ही अधिक है। भरत और निषाद पर उनका प्रेम इसी कारण है। यह प्रेम पारिवारिक सम्बन्धों पर ही निर्भर नहीं है; उसका आधार व्यापक सामाजिक सम्बन्ध है। समाज में चाहे दुखी-दीनों और निःस्वार्थ सेवकों को कोई न पूछे, राम उन्हें पूछने वाले हैं।

तुलसी के राम न्याय-अन्याय के संघर्ष में तटस्थ नहीं हैं। वह न्याय का सक्रिय पक्ष लेते हैं। लक्ष्मण के मुकाबले में वह ज्यादा धैर्य दिखलाते हैं लेकिन उनके धैर्य की एक सीमा है। वह सीमा पार होने पर वह शस्त्र उठाने में जरा भी आगा-पीछा नहीं करते। यह गुण हमारी जनता का विशेष गुण है। वह बड़ी सहनशील है लेकिन एक सीमा तक ही। उस सीमा के पार होने पर वह अन्यायी को दण्ड देने के लिए उठ खड़ी होती है। रासलीला वाले कृष्ण की अपेक्षा तुलसी को धनुर्धर राम अधिक प्रिय हैं; इसका यही कारण है, "राजिव नयन धरे धनुसायक। भगत बिपति भंजन सुखदायक।"

जब परशुराम का क्रोध सीमा पार कर जाता है तब राम उन्हें दृढ़ चेतावनी देते हैं।

"देव दनुज भूपति भट नाना। समबल अधिक होइ बलवाना।
जौं रन हमहिं प्रचारै कोऊ। लरहिं सुखेन काल किन होऊ।।"

इसी तरह जब समुद्र राम को रास्ता नहीं देता, समझाने और विनती करने पर भी नहीं पसीजता, तब तुलसी कहते हैं :

"विनय न मानत जलधि जड़, गये तीन दिन बीति।
बोले राम सकोप तब, भय विनु होय न प्रीति।।
संधाने प्रभु बिसिख कराला।
उठी उदधि उर अन्तर ज्वाला।।"

इसी तरह रावण का अन्याय देखकर पहले दूत द्वारा राम उसे समझाने की कोशिश करते हैं लेकिन जब वह नहीं मानता, तब उसका हृदय-परिवर्तन करने के लिए वह सत्याग्रह नहीं करते, उससे युद्ध छेड़ देते हैं। राम का सारा चरित्र आत्म-पीड़ा द्वारा निष्क्रिय प्रतिरोध का खण्डन करता हैं कहना न होगा, यह बहुत ही महत्त्वपूर्ण नैतिक मूल्य है जिसे हमें अपनाना चाहिए।

रामचरितमानस में, विशेष रूप से अयोध्या-काण्ड में, जो वेदना का सागर लहराता हुआ दिखाई देता है, वह सामन्ती समाज में मनुष्य की वास्तविक पीड़ा से ही उत्पन्न हुआ है। माता-पिता से विदा होती हुई लड़कियाँ, घर में पुत्र-वियोग सहती हुई माता आदि के चित्र तुलसी ने समाज से ही लिये हैं। लेकिन इस करुणा में भी सुख-सौन्दर्य की चाह बादलों में बिजली की तरह कौंध जाती है। तुलसी का व्यंग्य और भारतीय जनता की कभी न मिटने वाली जिन्दादिली से पैदा हुआ है। वह कठिनाइयों पर हँसना जानती है, जब कठिनाई बढ़ जाती हैं, तब व्यंग्य और भी पैना हो जाता है। क्रोधी परशुराम के सामने लक्ष्मण का व्यंग्य, रावण की सभा में राक्षसों से घिरे हुए अंगद का व्यंग्य इसी तरह का है। तुलसी का व्यंग्य अन्यायियों, अत्याचारियों के लिए है; दलितों और पीड़ितों के लिए, स्त्रियों और बालकों के लिए उनके हृदय में केवल सहानुभूति है। राम के बाल-रूप का वर्णन करके, कौशल्या और भरत के प्रेम का वर्णन करके एक तरफ वह हमारी मानवीय सहानुभूति को और निखारते हैं, तो राम के चरित्र से वह शूरता और धीरता के भावों को पुष्ट करते हैं। इस तरह तुलसी मानव-आत्मा के एक कुशल शिल्पी साबित होते हैं।

तुलसी की मानवीय सहानुभूति का आधार सामाजिक यथार्थ है। तत्कालीन समाज का जैसा भरा-पूरा चित्र उनकी रचनाओं में मिलता है, वैसा उस समय के और किसी कवि की रचनाओं में नहीं मिलता। जनता की दरिद्रता, उसके क्लेशों का वर्णन उन्होंने बड़े ही यथार्थवादी ढंग से किया है, "खेती न किसान को भिखारी को न भीख बलि बनिक को बनिज न चाकर को चाकरी।" बड़ी स्पष्टता से उन्होंने समाज में सामन्तों के कुशासन का सवाल उठाया है।

राजा और प्रजा के संघर्ष में तुलसी प्रजा के साथ हैं। रामचरितमानस में वह प्रजा को सताने वाले राजाओं के लिए कहते हैं :

"जासु राज प्रिय प्रजा दुखारी। ते नृप अवसि नरक अधिकारी।।"

और भी, दोहावली में वह उन राजाओं के पतन की भविष्यवाणी करते हैं जो प्रजा को सताते हैं :

"राज करत बिनु काज ही, करैं कुचालि कुसाज।
तुलसी ते दसकंध ज्यों, जइहैं सहित समाज।"

तुलसी ने दुष्ट राजाओं की निन्दा ही नहीं की, भारतीय जनता की आशाओं को मूर्त रूप देते हुए समता के आधार पर एक सुखी समाज की कल्पना भी की है।

"अल्प मृत्यु नहिं कवनिउँ पीरा।
सब सुन्दर सब बिरुज सरीरा।
नहिं दरिद्र कोउ दुखी न दीना।
नहिं कोउ अबुध न लच्छन हीना।"

यह सुखी समाज स्वर्ग में नहीं बना वरन् इसी जीवन में, इसी धरती पर बना हैं। तुलसी का रामराज्य स्वर्ग में नहीं, अवध में है और राम कहते हैं :

"जद्यपि सब बैकुंठ बखाना। बेद पुरान बिदित जग जाना।
अवध सरिस प्रिय मोहिं न सोऊ। यह प्रसंग जाने कोउ कोऊ।।"

तुलसीदास ने एक सुखी समाज की कल्पना ही की थी जिसमें दरिद्रता-विषमता मिट गयी हो। अब हम अपनी आँखों से देख रहे हैं कि मनुष्य अपने प्रयत्न से ऐसा समाज रच सकता है। तुलसीदास का स्वप्न श्रमिक जनता के लिए धरोहर है जिससे प्रेरित होकर वह समाजवाद के लिए मंजिल-दर-मंजिल बढ़ती जाएगी।

तुलसी का मानव-प्रेम उनकी कविता का स्रोत है। उनके लिए साहित्य न तो सामन्तों के मनोरंजन का साधन है, न निरुद्देश्य प्रयोग है।

उनकी कविता अलंकारशास्त्र के उदाहरण पेश करने के लिए नहीं रची गयी; वह प्रेम और आनन्द की नदी की तरह बह चलती है। लेकिन रोमाण्टिक कवियों की तरह तुलसीदास कविता को स्वतःस्फूर्त प्रवाह नहीं मानते। उसमें विचार और चिन्तन का योग होता है। उन्होंने एक सुन्दर रूपक में विचारों के महत्त्व की ओर यों संकेत किया है :

"हृदय सिन्धु मति सीप समाना।
स्वाती सारद कहहिं सुजाना।।
जो बरखै वर वारि विचारू।
होहिं कवित मुक्ता मनि चारू।।"

तुलसीदास की यह स्थापना साहित्य के प्रति सामन्ती विचारधाराओं से ही लड़ने में मदद नहीं देती, वह पूँजीवादी साहित्य-सिद्धान्तों से भी लड़ने में मार्गदर्शन करती है। कला कला के लिए या सामाजिक उत्तरदायित्व से मुक्त होकर प्रयोग करने की स्वाधीनता की गुहार मचाने वाले साहित्यकारों का दिल टटोलिये। हृदय-सिन्धु की जगह इनका दिल सड़े हुए पानी से भरी हुई गड़ही की तरह है; उसमें जनता से प्रेम के बदले देश की तरफ से उदासीनता और साम्राज्य-भक्ति के बगूले उठते हैं। ये लोग 'फॉर्म' की रट लगाकर साहित्य में उच्चकोटि के विचारों के महत्त्व को

अस्वीकार करते हैं। इनकी मति सीप के समान नहीं है जिससे मोती निकले, वह घोंघे की तरह है जो सेक्स के लिए मुँह फैलाकर अपने अन्दर सिमट जाता है। जन-संस्कृति, ग्राम-गीतों, प्राचीन साहित्य से इनकी सरस्वती नहीं जाग्रत होती, न विदेश के जनवादी लेखक इन्हें अच्छे लगते हैं, इनकी प्रेरणा का स्रोत एजरा पाउंड, टी.एस. इलियट, स्पेण्डर आदि लेखक हैं जो जन-शिविर के विरोधी हैं। ऐसे लेखकों का विरोध करना, जनता के हित में अपनी संस्कृति का विकास करना उन तमाम साहित्यकारों का कर्तव्य है जो तुलसी की विरासत पर गर्व करते हैं।

यहाँ मेरा उद्‌देश्य तुलसी के सभी विचारों का मूल्यांकन करना या उनकी कला का विवेचन करना नहीं है। मेरा उद्‌देश्य वर्णाश्रम, नारी-समस्या, राजा-प्रजा सम्बन्ध को लेकर कुछ वामपन्थी लेखकों में फैली हुई गुमराहियों का निराकरण करना है। कोई भी लेखक अपने समय के सामाजिक यथार्थ को गहराई से देखे और अपनी रचनाओं में उसे प्रतिबिम्बित किये बिना महान् साहित्यकार नहीं हो सकता। तुलसी का साहित्य उनके विचारों को अलग करके महत्त्वपूर्ण नहीं माना जा सकता।

तुलसी के समय का सामाजिक यथार्थ क्या है? उसके समय का सामाजिक यथार्थ जर्जर होती हुई सामन्ती व्यवस्था है। तुलसी इस व्यवस्था के रक्षक नहीं हैं। और सामन्तों के उत्पीड़न के विरुद्ध उनकी सहानुभूति साधारण जनों और स्त्रियों के साथ है। उन्होंने स्वयं इस उत्पीड़न का अनुभव किया था। इसलिए यह धारणा कि तुलसी नारी की पराधीनता के हामी थे, ब्राह्मणों के खिलाफ शूद्रों की बगावत में वह ब्राह्मणों के साथ थे, उनके समूचे साहित्य के अध्ययन से यही साबित नहीं होता।

तुलसी की भक्ति समाज के लिए अफीम नहीं थी। वह जन-जागरण का एक साधन थी। भक्त तुलसीदास मूलतः मानववादी हैं और उनके साहित्य की महत्ता वास्तविक सामाजिक सम्बन्धों का वर्णन करने में है, जनसाधारण की वेदना और उससे मुक्ति की कामना का, जनता के नैतिक गुणों का चित्रण करने में है, न कि सेवक-भाव से कृपा की भिक्षा माँगने में।

तुलसी का ब्रह्मवाद, बहुदेवोपासना, "स्वान्तस्तभः ज्ञान्तये" रचना करना एक धार्मिक आवरण है जो सामन्ती व्यवस्था के भीतर पुष्ट होने वाले जातीय आन्दोलनों पर पड़ा हुआ दिखायी देता है। यह आवरण मूल्यवान नहीं है; मूल्यवान है वह सामाजिक तत्त्व जो उसके भीतर छिपा हुआ है।

तुलसी हमारे जातीय जन-जागरण के सर्वश्रेष्ठ कवि हैं। उनकी कविता की आधारशिला जनता की एकता है। मिथिला से लेकर अवध और ब्रज तक चार सौ साल से तुलसी की सरस वाणी नगरों और गाँवों में गूँजती रही है। हमारी जातीय एकता और उसके पुनर्जीवन का काम अभी अधूरा है। साम्राज्यवादी, सामन्ती अवशेष और बड़े पूँजीपतियों के शोषण से हिन्दीभाषी जनता को मुक्त करके उसकी जातीय संस्कृति को विकसित करना है। हमारे जातीय संगठन के मार्ग में साम्प्रदायिकता,

ऊँच-नीच के भेद-भाव, नारी के प्रति सामन्ती शासक का रुख आदि अनेक बाधाएँ हैं। तुलसी का साहित्य हमें इनसे संघर्ष करना सिखाता है। तुलसी का मूल सन्देश है, मानव-प्रेम। मानव-प्रेम को सक्रिय रूप देना, सहानुभूति को व्यवहार में परिणत करके जनता के मुक्ति-संघर्ष में योग देना हमारा कर्तव्य है।

तुलसी का साहित्य कला की शिक्षा देने के लिए अक्षय निधि है। उनसे हमें बार-बार सीखना चाहिए, कैसे उनकी वाणी जनता को इतनी गहराई से आन्दोलित कर सकी। उनसे हमें गम्भीर मानव-सहानुभूति और उच्च विचारों की शिक्षा लेनी चाहिए जिनसे साहित्य महान् होता है।

तुलसी की ऐतिहासिक सीमाओं की बात करके माफी माँगने की जरूरत नहीं है। जरूरत है तुलसी पर गर्व करने की, इस बात पर दृढ़ विश्वास करने की कि जिस जाति ने तुलसी को जन्म दिया है वह अजेय है, इस बात पर रोष करने की कि तुलसी की सन्तान आज संसार की सबसे पिछड़ी हुई, बिखरी हुई, निर्धन और दलित जातियों में से है। जिस सामन्ती व्यवस्था ने तुलसी जैसे सहृदय कवि को अपार कष्ट दिये थे, उसकी तरफ कभी तटस्थ न रहना चाहिए। जनता की एकता हमारा अस्त्र हो, संघर्ष हमारा मार्ग और ऐसा समाज हमारा लक्ष्य हो जिसमें पीड़ित और अपमानित मनुष्य को हताश होकर रहस्यमय दैव की तरफ फिर हाथ न उठाना पड़े। इस कार्य में एक चिरन्तन प्रेरणा की तरह तुलसीदास हमेशा हमारे साथ रहेंगे।

साहित्य के दृष्टिकोण

—गजानन माधव मुक्तिबोध

साहित्य को किस दृष्टि से देखना चाहिए? इसके उत्तर के लिए हम उन सभी दृष्टियों पर विचार कर लें जिनसे अब तक लोग साहित्य को देखते आये हैं। हम उन दृष्टियों की साधारण गणना न कर उन दृष्टियों के मूल पर भी सोचते चलें, और इसी तरह उनके सापेक्ष महत्त्व को भी निश्चित करते चलें।

साधारणतया, साहित्य के दो पहलू रहे हैं। एक तो वह जिससे मनोरंजन हो, और दूसरा वह जिससे हम अधिक मानवीय होते चलें। पहला केवल मनोरंजन ही मनोरंजन है, उसके आगे कुछ नहीं। और दूसरा किसी आदर्श को लेकर चलता है।

पुराने समय में भी एक साहित्य केवल मनोरंजन के लिए लिखा जाता था, जिसमें वर्ण-चमत्कार और वर्णन-चमत्कार का बाहुल्य था। और दूसरा वह था, जिसमें रसोद्रेक का उद्‌देश्य मनुष्य को अधिकाधिक मानवीय करते चलना था। चूँकि मनोरंजक साहित्य का उद्‌देश्य अत्यन्त सामयिक है, इसलिए हम दूसरे प्रकार के साहित्य पर, जिसमें किसी आदर्श को लेकर चलना होता है, विचार करते चलें। और इन्हीं आदर्शों पर विचार करते हुए हमें उन सभी दृष्टियों का पता चल जाएगा जिनमें साहित्य देखा जाता है।

यूरोप में उपन्यास-साहित्य ने साहित्य की विविध कल्पनाओं (कन्सैप्शन्स) को जन्म दिया। खासकर फ्रांस साहित्यिक विचारधारा का सबसे अधिक जिम्मेवार है। रोमांस, जिसमें सामयिक मनोरंजक साहित्य अधिकांश में था, फ्रांस के उपन्यासों का मुख्य विषय रहा। रोमांस, जैसा कि वह शैले में या कालिदास में पाया जाता है, अपनी सचाई के कारण, अपनी आन्तरिक भाव-प्रवणता के कारण, आदर्श की ओर ही उन्मुख है। दूसरी तरह का रोमांस, जो अधिक बाहरी है और केवल हमारी कल्पना को ही तृप्त करता है, साहित्यिक आदर्श के निकट नहीं है। कुछ-कुछ इसी तरह का रोमांस फ्रांस में प्रचलित रहा। कथा-कहानियों में स्त्री-पुरुष-प्रेम, जिसका असलियत से कोई सीधा वास्ता नहीं था, कल्पना को तृप्त करने के लिए लिखा गया।

इसी तरह के रोमांस लिखते-लिखते प्रेमी और प्रेमिका को अधिक वास्तविक

रूप मिलता गया। जैसे, उनके स्नेह-भंग के कारणों में सामाजिक परिस्थिति और कौटुम्बिक मतभेद आदि थे। इस तरह रोमांस के साथ-ही-साथ समाज-चित्रण और व्यक्ति-चित्रण आया।

साहित्य काल्पनिक आधार छोड़कर अधिक वास्तविक भूमि पर आता गया। फिर भी काल्पनिक और वास्तविकता का इतना भेद नहीं था, जितना वह अब है। इस सम्मिश्र साहित्य-प्रकार का सुन्दर उदाहरण लॉर्ड बायरन का कथा-काव्य डॉन जुआन है।

परन्तु साहित्य ने फिर पलटा खाया और रोमांस-स्कूल के खिलाफ जबरदस्त विद्रोह हुआ। परिणाम था यथार्थवाद का प्राबल्य।

आश्चर्य की बात है कि जिस तरह जर्मनी से यूरोप के दार्शनिक विचार-जगत् का नेतृत्व किया, उसी तरह फ्रांस साहित्यिक विचारधारा का अग्रदूत रहा।

फ्रांस के इस यथार्थवाद का बहुत प्रभाव पड़ा, और रूस का उपन्यास-साहित्य भी इससे अछूता न रह सका। किन्तु पेरिस की सोसायटी वैसे भी फैशनेबुल थी। इस फैशनेबुल समाज का वर्णन करना एक बात हो गयी, जिसमें बाह्य सौन्दर्य का काफी खयाल रखा गया। इसके विरुद्ध स्कूल उठ खड़ा हुआ जिसने निम्न श्रेणी या दलित-पीड़ित कुरूप लोगों के जीवन का चित्रण किया। ये दोनों स्कूल आपस में एक-दूसरे से नहीं मिले।

पहले यथार्थवादी स्कूल में फैशनेबुल लोगों के रीति-रिवाज का चित्रण अधिक रहा और दूसरे यथार्थवादी स्कूल में कुरूपता का ही अधिक वर्णन रहा। दोनों स्कूल अपने आधिक्य में एकांगी हो गये, और परिणामतः असलियत से सम्बन्ध खो बैठे। एक तीसरा यथार्थवादी स्कूल और हुआ, जिसमें मनुष्य के काम-सम्बन्धी औरतों का खुले-आम वर्णन किया गया और 'प्राइवेट लाइफ' ही सामने अधिक आयी। यह स्कूल भी, साधारणतः, उच्च-श्रेणीय नागरिक जीवन का चित्रण करता रहा और प्रकृतिवादी (नेचुरलिस्टिक) स्कूल कहलाया। इसके अनुसार व्यभिचार, इत्यादि नैतिक रीति से ठीक है क्योंकि मनुष्य में वासना स्वाभाविक है। अतएव यह स्कूल नैतिकता के खिलाफ था।

आदर्शवादी स्कूल का जन्म भी यहीं से शुरू होता है। अनैतिक का नैतिक के प्रति विद्रोह नैतिकता की उन्नति और उसके परिष्कार का कारण है। यह स्कूल प्रधानतः इंग्लैण्ड में पनपा। नैतिक आदर्श को लेकर ही कई उपन्यास लिखे गये। कलाकारों का अपना नैतिक चिन्तन हुआ। इस स्कूल के मुख्य लेखक माने जा सकते हैं, जॉर्ज इलियट, मेरिडिथ, वगैरह। परिणामतः, आदर्शवादी उपन्यासों की कमजोरी का प्रधान कारण है बौद्धिक या कभी-कभी (जैसे मेरी कॉरेली में), धार्मिक या नैतिक, आदर्शों का कला के साथ विषम सन्तुलन।

इस उपदेशवादी या आदर्शवादी साहित्य के खिलाफ बगावत की कलावाद ने।

इस स्कूल ने 'कला कला के लिए' का सिद्धान्त स्वीकार किया। इसमें बाह्य सौन्दर्य की ओर अधिक ध्यान था। साहित्यिक टेकनीक विशेष रूप से विकसित हुआ और साहित्य का उद्देश्य मनोरंजन माना गया।

यह कलावाद प्राणहीन था और जल्दी ही खत्म हो गया। इससे अधिक तुष्ट और सप्राण इब्सन का सामाजिक साहित्य था। इब्सन से बहुत लोग प्रभावित हुए। बर्नार्ड शॉ और गॉल्सवर्दी ने समाज की आलोचना की। इधर विज्ञान और भौतिक सभ्यता ने समाज में नयी समस्याएँ उत्पन्न कीं। साहित्य इन समस्याओं से अछूता नहीं रह सका। इन पर विचार उपन्यासों और अन्य रचनाओं द्वारा किया गया। परिणामतः प्रचारवादी स्कूल खड़ा किया गया। फ्रॉयड के मनोवैज्ञानिक अन्वेषणों से साहित्य भी प्रभावित हुआ, और तब से शुद्ध मनोवैज्ञानिक साहित्य का जन्म हुआ।

इतना लिख जाने पर यह न समझना चाहिए कि किसी भी तरह का लेखन इन स्कूलों में बँध गया है। जीवन किसी भी दायरे में बँध नहीं सकता। और जहाँ-जहाँ जीवन के प्रति सचाई प्रकट की गयी है, वहाँ-वहाँ कला अपने सम्पूर्ण सौन्दर्य के साथ प्रकट हुई है। किन्तु जहाँ किसी 'वाद' या बौद्धिक विश्वास से जीवन को देखा गया है, वहाँ जीवन की ताजगी और उसका प्रवाह-संगीत लुप्त हो गया है। जिस तरह यथार्थवाद के सुन्दर-से-सुन्दर नमूने मिलते हैं—मध्यकालीन, विक्टर ह्यूगो के 'ला मिजरेबुल्स' या आधुनिक मैक्सिम गोर्की के 'मदर' में—उसी तरह आदर्शवाद के भी सुन्दर-से-सुन्दर नमूने मिलते हैं।

परन्तु लोग आलोचना करते समय किसी खास 'वाद' के दायरे में बाँधकर ही साहित्य को देख पाते हैं। यह तरीका एकदम गलत है। साहित्य के 'वाद' दार्शनिक या वैज्ञानिक प्रणालियाँ नहीं हैं। वे केवल साहित्य के दृष्टिकोण हैं।

कोई भी दृष्टिकोण, यानी कोई भी साहित्यिक 'वाद', तभी तक ठीक है जब तक वह जीवन के चेतना से परिपूर्ण है। यथार्थवाद, जिसे आजकल वर्गवादी प्रगतिवाद कहते हैं, तभी तक ठीक है जब तक उसका लेखक अपनी स्फूर्ति वास्तविक स्थिति से पाता है। प्रश्न स्फूर्ति का ही है। केवल ग्रामीण स्थिति देख-भर लेने से, या गाँवों के वातावरण से लेखक के रहने से, सच्चे यथार्थवादी साहित्य का जन्म नहीं हो सकता, जब तक लेखक की आत्मा ग्रामीणता में स्वयं नहीं पनपती, और वहाँ की क्रिया-प्रतिक्रिया से प्रवहनशील होकर साहित्य में नहीं उतरती। हेनरी बारबूस एक सच्चा प्रगतिवादी कलाकार था, क्योंकि उसकी क्रान्ति की भावना के पीछे उसका स्वयं का जीवन था, जो कि उसके आस-पास की परिस्थिति से पूर्ण सुसंगत और उसका प्रतिनिधित्व करता था।

जिस तरह सामाजिक व्यथा से जाग्रत मानवी आत्मा यथार्थवादी हो जाती है, उसी तरह अपनी सम्पन्न परिस्थिति में अपनी भावनाओं के मनोहर कोष से चेतन मानव-आत्मा भावना-प्रधान और कल्पना-प्रधान, जिसे रोमैण्टिक कहते हैं, हो जाती

है। वास्तव में देखा जाय तो रोमांस और यथार्थवाद में केवल परिस्थिति का भेद है। यथार्थवादी भी उतना ही भावना-प्रधान, ओजमय हो सकता है जितना कि शैले। परन्तु उसका दृष्टिकोण बहिर्मुख है, बाह्य वास्तविकता के संघर्ष से उत्पन्न उसकी भावनाएँ हैं, और रोमाण्टिक कलाकार का दृष्टिकोण अपने आन्तरिक जगत् के प्रति है। वह स्वयं अपना ही कलाकार है।

प्रतिक्रिया-युग में हम देख पाते हैं कि यथार्थवादी रोमैण्टिक के प्रति द्वेषभाव रखता है, परन्तु यह गलत है। मनुष्य की प्रकृति में क्या रोमांस का स्थान नहीं है? रोमांस तो प्रवहमान जीवन-धारा का सैल्फ-एसर्शन है जिस तरह वसन्त ऋतु में वृक्षों के अन्दर तरुण ओज फूल-पत्तियों का सृजन करता है, वैसे ही वही तरुण ओज स्त्री-पुरुष के अन्तर्जगत् में रोमांस उत्पन्न करता है, उनके स्वस्थ शरीर में वह नव-जीवन बनकर बहने लगता है।

परन्तु व्यक्ति जितना सामाजिक है, उतना ही वैयक्तिक। कभी-कभी यथार्थवादी को भी कविता लिखने की सूझती है, और कल्पना-प्रधान कलाकार को कहानियाँ और लेख। जब भावना-प्रधान प्राणी बाह्य वास्तविकता की ओर मुड़ता है, और अपनी सहज ईमानदारी से वशीभूत होकर उसके प्रति अपने को जिम्मेवार ठहराता है, तभी से उस साहित्य की उत्पत्ति है जिसे हम आदर्शवादी साहित्य कह सकते हैं, क्योंकि वह जीवन पर सोचने लगता है, जीवन की ट्रैजेडीज, उसके विरोध और विसंगतियाँ, उसके मन में बैठ जाती हैं। वह उनके विचारों से किसी तरह छुटकारा नहीं पा सकता। वह उन पर सोचता है, कुछ निष्कर्षों पर आता है, और उन सबका चित्रांकन करता है। इस विशेष प्रकार का कलाकार जीवन को समस्त रूप में ग्रहण करने की चेष्टा करता है, और यही उसका महत्त्व है। हार्डी, रोम्यां रोला, शरत् ऐसे ही कलाकारों में से हैं।

हमने इन तीन मुख्य वादों पर ही अधिक प्रकाश डाला है। शेष दृष्टिकोण समझने में अधिक कठिनाई का सामना नहीं करना पड़ता। दूसरे, जगत् का समस्त साहित्य अधिकतर इन तीन विभागों में ही बाँटा जाता है।

पर क्या कारण है, युग के साथ-साथ कला परिवर्तित होती चलती है? इसके मुख्य हेतु दो हैं। प्रथम, आन्तरिक; और दूसरा, बाह्य। बाह्य परिस्थिति जिस तरह बदलती चलती है उसी तरह साहित्यिक धारा भी अपनी दिशा बदलती है। इसके उदाहरण आपको किसी भी अच्छे साहित्य में दृष्टिगोचर होंगे। हम इसको अधिक-से-अधिक बाह्य से प्रतिक्रिया कहेंगे। पर एक ऐसी भी प्रतिक्रिया है जो आन्तरिक जगत् में होती है, जिसके कारण साहित्य की आन्तरिक धारा में हलचल उत्पन्न होती है।

कला तभी तक जीती-जागती रहती है जब तक कि लेखक का वर्ण्य वस्तु के प्रति भावनात्मक सम्बन्ध हो। जिस प्रकार सोचना या विचार करना ज्ञान प्राप्त करने के लिए एक साधन है, उसी प्रकार भावना की जीवन का ज्ञान प्राप्त करने

का एक कलात्मक साधन है। भावनानुभूत ज्ञान ही कला का विषय है। परन्तु जब हम कला का सच्चा दृष्टिकोण छोड़कर किसी दूसरे क्षेत्र में चले जाते हैं, तब हम धीरे-धीरे प्रतिक्रिया का आह्वान करते हैं। उदाहरणतः, कबीर जब तक अपने रंग में मस्त होकर जीवन का ज्ञान सुनाता है, तभी तक वह कलाकार है। पर जब वह हमें अपने बौदिक-दार्शनिक निर्गुणवाद के प्रति आस्था रखने के लिए आग्रह करता-सा दीख पड़ता है, वहीं वह कला का दृष्टिकोण छोड़कर दार्शनिक दृष्टिकोण के क्षेत्र में उतर आता है, जिसके अलग नियम हैं, और मूल्यांकन के अलग स्टैण्डर्ड हैं। उसी तरह पदमाकर शृंगार के साधन और उसके उपकरणों का कैटेलॉग पेश करते हैं। यहाँ भी वही दोष है।

एक दूसरे प्रकार की आन्तरिक प्रतिक्रिया तब शुरू होती है, जब भावनानुभूति के नाम पर हम उन्हीं भावनाओं को दुहराते हैं जो निष्प्राण हो गयी हैं, जहाँ जीवन की गति कुण्ठित हो गयी है। इस प्रकार साहित्य में वासीपन की उत्पति होती है, जिसके विरुद्ध प्रतिक्रिया फौरन शुरू हो जाती है, क्योंकि जीवन एक जगह रूक नहीं सकता।

क्यों एक कलाकार दूसरे कलाकार से ऊँचा कहा जाता है? क्यों वाल्ट ह्विटमैन या ब्राउनिंग को लोग टेनिसन से ऊँचा समझते हैं? कबीर क्यों बिहारी से ऊँचा है?

इस प्रश्न का उत्तर देते समय हमें साहित्य में 'सतह' का भी परिचय हो जाता है। कौन किस सतह से बोलता है, यह सवाल है। रवीन्द्रनाथ जिस सतह से बोलते हैं, जिस व्यापक जीवन के सर्वोच्च बिन्दु पर खड़े होकर देश-देशान्तर के जन-समुदाय के सामने वे अपने को प्रकट करते हैं, उस स्थान के अन्य अनुगामी कलाकार नहीं बोल पाते। उतना ही उनमें बौनापन है, जितनी कि रवीन्द्र में ऊँचाई।

साहित्य का मूल्यांकन निश्चित करते समय इस 'सतह' का ध्यान रखना ही पड़ता है। कवि का शब्द-चचन, छन्दो-रचना, प्रकृति-वर्णन, स्वभाव-चित्रण अत्यन्त सुन्दर होते हुए भी (जैसे कि टेनिसन में है), यदि ऊँची सतह नहीं है, तो वह उच्च कलाकार नहीं कहला सकता।

मेरे राम का मुकुट भीग रहा है

–विद्यानिवास मिश्र

महीनों से मन बेहद-बेहद उदास है। उदासी की कोई खास वजह नहीं कुछ तबीयत ढीली, कुछ आसपास के तनाव और कुछ उनसे टूटने का डर खुले आकाश के नीचे भी खुलकर साँस लेने की जगह की कमी, जिस काम में लगकर मुक्ति पाना चाहता हूँ, उस काम में हजार बाधाएँ; कुल ले-देकर उदासी के लिए इतनी बड़ी चीज नहीं बनती। फिर भी रात-रात नींद नहीं आती। दिन ऐसे बीतते हैं, जैसे भूतों के सपनों की एक रील पर दूसरी रील चढ़ा दी गयी हो और भूतों की आकृतियाँ और डरावनी हो गयी हों। इसलिए कभी-कभी तो बड़ी-से-बड़ी परेशानी करने वाली बात हो जाती है और कुछ भी परेशानी नहीं होती, उल्टे ऐसा लगता है, जो हुआ, एक सहज क्रम में हुआ; न होना ही कुछ अटपटा होता और कभी-कभी बहुत मामूली-सी बात भी भयंकर चिन्ता का कारण बन जाती है।

अभी दो-तीन रात पहले मेरे एक साथी संगीत का कार्यक्रम सुनने के लिए नौ बजे रात गये, साथ में जाने के लिए मेरे एक चिरंजीव ने और मेरी एक मेहमान, महानगरीय वातावरण में पली कन्या ने अनुमति माँगी। शहरों की, आजकल की असुरक्षित स्थिति का ध्यान करके इन दोनों को जाने तो नहीं देना चाहता था, पर लड़कों का मन भी तो रखना होता है, कह दिया, एक-डेढ़ घण्टे सुनकर चले आना।

रात के बारह बजे। लोग नहीं लौटे। गृहिणी बहुत उद्विग्न हुई, झल्लाई; साथ में गये मित्र पर नाराज होने के लिए संकल्प बोलने लगी। इतने में जोर की बारिश आ गयी। छत से बिस्तर समेटकर कमरे में आया। गृहिणी को समझाया, बारिश थमेगी, आ जाएँगे, संगीत में मन लग जाता है, तो उठने की तबीयत नहीं होती, तुम सोओ, ऐसे बच्चे नहीं हैं। पत्नी किसी तरह शान्त होकर सो गयी, पर मैं अकुला उठा, बारिश निकल गयी, ये लोग नहीं आये। बरामदे में कुर्सी लगाकर राह जोहने लगा। दूर कोई भी आहट होती, तो उदग्र होकर फाटक की ओर देखने लगता। रह-रहकर बिजली चमक जाती थी और सड़क दिप जाती थी। पर सामने की सड़क पर कोई

रिक्शा नहीं, कोई चिरई का पूत नहीं। एकाएक कई दिनों से मन में उमड़ती-घुमड़ती पंक्तियाँ गूँज गयीं–

"मोरे राम के भीजै मुकुटवा,
लक्ष्मिन के पटुकवा
मोरी सीता के भीजै सेनुरवा
त राम घर लौटहिं।"

(मेरे राम का मुकुट भीग रहा होगा, मेरे लखन का पटुका (दुपट्टा) भीग रहा होगा, मेरी सीता का माँग का सिन्दूर भीग रहा होगा, मेरे राम घर लौट आते।)

बचपन में दादी-नानी जाँते पर यह गीत गातीं, मेरे घर से बाहर जाने पर विदेश में रहने पर वे यही गीत विह्वल होकर गातीं और लौटने पर कहतीं–'मेरे लाल को कैसा वनवास मिला था'। जब मुझे दादी-नानी की इस आकुलता पर हँसी भी आती, गीत का स्वर बड़ा मीठा लगता। हाँ, तब उसका दर्द नहीं छूता। पर इस प्रतीक्षा में एकाएक उसका दर्द उस ढलती रात में उभर आया और सोचने लगा, आने वाली पीढ़ी पिछली पीढ़ी की ममता की पीड़ा नहीं समझ पाती और पिछली पीढ़ी अपनी सन्तान के सम्भावित संकट की कल्पना मात्र से उद्विग्न हो जाती है। मन में यह प्रतीति ही नहीं होती कि अब सन्तान समर्थ है, बड़ा से बड़ा संकट झेल लेगी। बार-बार मन को समझाने की कोशिश करता, लड़की दिल्ली विश्वविद्यालय के एक कॉलेज में पढ़ाती है, लड़का संकट-बोध की कविता लिखता है, पर लड़की का ख़याल आते ही दुश्चिन्ता होती, गली में जाने कैसे तत्त्व रहते हैं! लौटते समय कहीं कुछ हो न गया हो और अपने भीतर अनायास अपराधी होने का भाव जाग जाता, मुझे रोकना चाहिए था या कोई व्यवस्था करनी चाहिए थी, पराई लड़की (और लड़की तो हर एक पराई होती है, धोबी की मुटरी की तरह घाट पर खुले आकाश में कितने दिन फहराएगी, अन्त में उसे गृहिणी बनने जाना ही है) घर आयी, कहीं कुछ हो न जाए!

मन फिर घूम गया कौसल्या की ओर, लाखों-करोड़ों कौसल्याओं की ओर, और लाखों-करोड़ों कौसल्याओं के द्वारा मुखरित एक अनाम-अरूप कौसल्या की ओर, इन सबके राम वन में निर्वासित है, पर क्या बात है कि मुकुट अभी भी उनके माथे पर बँधा है और उसी के भीगने की इतनी चिन्ता है? क्या बात है कि आज भी काशी की रामलीला आरम्भ होने के पूर्व एक निश्चित मुहूर्त में मुकुट की ही पूजा सबसे पहले की जाती है? क्या बात है कि तुलसीदास ने 'कानन' को 'सत अवध समाना' कहा और चित्रकूट में ही पहुँचने पर उन्हें 'कलि की कुटिल कुचाल' दीख पड़ी? क्या बात है कि आज भी वनवासी धनुर्धर राम ही लोकमानस के राजा राम बने हुए हैं? कहीं न कहीं इन सबके बीच एक संगति होनी चाहिए।

अभिषेक की बात चली, मन में अभिषेक हो गया और मन में राम के साथ राम का मुकुट प्रतिष्ठित हो गया। मन में प्रतिष्ठित हुआ, इसलिए राम के राजकीय वेश उतारा, राजकीय रथ से उतरे, राजकीय भोग का परिहार किया, पर कुकुट तो लोगों के मन में था, कौसल्या के मातृ-स्नेह में था, वह कैसे उतरता, वह मस्तक पर विराजमान रहा और राम भीगें तो भीगें, मुकुट न भीगने पाये, इसकी चिन्ता बनी रही। राजा राम के साथ उनके अंगरक्षक लक्ष्मण का कमरबन्द दुपट्टा भी आये (प्रहरी की जागरूकता का उपलक्षण) न भीगने पाये और अखण्ड सौभाग्यवती सीता की माँग का सिन्दूर न भीगने पाये, सीता भले ही भीग जाएँ। राम तो वन से लौट आये, सीता को लक्ष्मण फिर निर्वासित कर आये, पर लोकमानस में राम की वनयात्रा अभी नहीं रुकी। मुकुट, दुपट्टा और सिन्दूर के भीगने की आशंका अभी भी साल रही है। कितनी अयोध्याएँ बसीं, उजड़ीं, पर निर्वासित राम की असली राजधानी, जंगल का रास्ता अपने काँटों-कुशों, कंकड़ों-पत्थरों की वैसी ही ताजा चुभन लिए हुए बरकरार है, क्योंकि जिनका आसरा साधारण गँवार आदमी भी लगा सकता है, वे राम तो सदा निर्वासित ही रहेंगे और उनके राजपाट को सँभालने वाले भरत अयोध्या के समीप रहते हुए भी उनसे भी अधिक निर्वासित रहेंगे, निर्वासित ही नहीं, बल्कि एक कालकोठरी में बन्द जिलावतनी की तरह दिन बिताएँगे।

सोचते-सोचते लगा कि इस देश की ही नहीं, पूरे विश्व की एक कौसल्या है; जो हर बारिश में बिसूर रही है—'मोरे राम के भीजै मुकुटवा' (मेरे राम का मुकुट भीग रहा होगा)। मेरी सन्तान, ऐश्वर्य की अधिकारिणी सन्तान वन में घूम रही है, उसका मुकुट, उसका ऐश्वर्य भीग रहा है, मेरे राम कब घर लौटेंगे; मेरे राम के सेवक का दुपट्टा भीग रहा है, पहरुए का कमरबन्द भीग रहा है, उसका जागरण भीग रहा है, मेरे राम की सहचारिणी सीता का सिन्दूर भीग रहा है, उसका अखण्ड सौभाग्य भीग रहा है, मैं कैसे धीरज धरूँ? मनुष्य की इस सनातन नियति से एकदम आतंकित हो उठा ऐश्वर्य और निर्वासन दोनों साथ-साथ चलते हैं, जिसे ऐश्वर्य सौंपा जाने को है, उसको निर्वासन पहले से बदा है। जिन लोगों के बीच रहता हूँ, वे मंगल नाना के नाती हैं, वे 'मुद मंगल' में ही रहना चाहते हैं, मेरे जैसे आदमी को वे निराशावादी समझकर बिरादरी से बाहर ही रखते हैं, डर लगता रहता है कि कहीं उड़कर उन्हें भी दुःख न लग जाए, पर मैं अशेष मंगलाकांक्षाओं के पीछे से झाँकती हुई दुर्निवार शंकाकुल आँखों में झाँकता हूँ, तो मंगल का सारा उत्साह फीका पड़ जाता है और बन्दनवार, बन्दनवार न दिखकर बटोरी हुई रस्सी की शक्ल में कुंडली मारे नागिन दिखती है, मंगल-घट औधाई हुई अधफूटी गगरी दिखता है, उत्सव की रोशनी का तामझाम धुओं की गाँठों का अम्बार दिखता

है और मंगल-वाद्य डेरा उखाड़ने वाले अन्तिम कारबरदार की उसाँस में बजकर एकबारगी बन्द हो जाता है।

लागति अवध भयावह भारी,
मानहुँ कालराति अँधियारी।
घोर जन्तु सम पुर नरनारी,
डरपहिं एकहि एक निहारी।
घर मसान परिजन जनु भूता,
सुत हित मीत मनहुँ जमदूता।
बागन्ह विटप बेलि कुम्हिलाहीं,
सरित सरोवर देखि न जाहीं।

कैसे मंगलमय प्रभात की कल्पना थी और कैसी अँधेरी कालरात्रि आ गयी है? एक-दूसरे को देखने से डर लगता है। घर मसान हो गया है, अपने ही लोग भूत-प्रेत बन गये हैं, पेड़ सूख गये हैं, लताएँ कुम्हला गयी हैं। नदियों और सरोवरों को देखना भी दुस्सह हो गया है। केवल इसलिए कि जिसका ऐश्वर्य से अभिषेक हो रहा था, वह निर्वासित हो गया। उत्कर्ष की ओर उन्मुख समष्टि का चैतन्य अपने ही घर से बाहर कर दिया गया, उत्कर्ष की मनुष्य की ऊर्ध्वोन्मुख चेतना की यही कीमत सनातन काल से अदा की जाती रही है। इसीलिए जब कीमत अदा कर ही दी गयी, तो उत्कर्ष कम-से-कम सुरक्षित रहे, यह चिन्ता स्वाभाविक हो जाती है। राम भीगें तो भीगें, राम के उत्कर्ष की कल्पना न भीगे, वह हर बारिश में हर दुर्दिन में सुरक्षित रहे। नर के रूप में लीला करने वाले नारायण निर्वासन की व्यवस्था झेलें, पर नर रूप में उनकी ईश्वरता का बोध दमकता रहे, पानी की बूँदों की झालर में उसकी दीप्ति छिपने न पाये। उस नारायण की सुख-सेज बने अनन्त के अवतार लक्ष्मण भले ही भीगते रहें, उनका दुपट्टा, उनका अहर्निशि जागर न भीजे, शेषी नारायण के ऐश्वर्य का गौरव अनन्त शेष के जागर-संकल्प से ही सुरक्षित हो सकेगा और इन दोनों का गौरव जगज्जननी आद्याशक्ति के अखण्ड सौभाग्य, सीमन्त सिन्दूर से रक्षित हो सकेगा, उस शक्ति का एकनिष्ठ प्रेम पाकर राम का मुकुट है, क्योंकि राम का निर्वासन वस्तुतः सीता का दुहरा निर्वासन है। राम तो लौटकर राजा होते हैं, पर रानी होते ही सीता राजा राम द्वारा वन में निर्वासित कर दी जाती है। राम के साथ लक्ष्मण हैं, सीता हैं, सीता वन्य पशुओं से घिरी हुई विजन में सोचती हैं—प्रसव की पीड़ा हो रही है, कौन इस वेला में सहारा देगा, कौन प्रसव के समय प्रकाश दिखलाएगा, कौन मुझे सँभालेगा, कौन जन्म के गीत गाएगा?

कौन गीत नहीं गाता। सीता जंगल की सूखी लकड़ी बीनती हैं, जलाकर अँजोर करती हैं और जुड़वाँ बच्चों का मुँह निहारती हैं। दूध की तरह अपमान की ज्वाला में चित्त कूद पड़ने के लिए उफनता है और बच्चों की प्यारी और मासूम सूरत देखते

ही उस पर पानी के छींटे पड़ जाते हैं, उफान दब जाता है। पर इस निर्वासन में भी सीता का सौभाग्य अखण्डित है, राम के मुकुट को तब भी प्रमाणित करता है, मुकुटधारी राम को निर्वासन से भी बड़ी व्यथा देता है और एक बार और अयोध्या जंगल बन जाती है, स्नेह की रसधार रेत बन जाती है, सब कुछ उलट-पलट जाता है, भवभूति के शब्दों में पहचान की बस एक निशानी बच रहती है, दूर ऊँचे खड़े तटस्थ पहाड़ राजमुकुट में जड़े हीरों की चमक के सैकड़ों शिखर, एकदम कठोर, तीखे और निर्मम--

पुरा यत्र स्रोतः पुलिनमधुना तत्र सरितां
विपर्यासं यातो घनविरलभावः क्षितिरुहाम्।
बहोः कालाद् दृष्टं ह्यपरमिव मन्ये वनमिदं
निवेशः शैलानां तदिदमिति बुद्धिं द्रढयति।

राम का मुकुट इतना भारी हो उठता है कि राम उस बोझ से कराह उठते हैं और इस वेदना के चीत्कार में सीता के माथे का सिन्दूर और दमक उठता है, सीता का वर्चस्व और प्रखर हो उठता है।

कुर्सी पर पड़े-पड़े यह सब सोचते-सोचते चार बजने को आये, इतने में दरवाजे पर हल्की-सी दस्तक पड़ी, चिरंजीव निचली मंजिल के ऊपर नहीं चढ़े, सहमी हुई कृष्णा (मेरी मेहमान लड़की) बोली--दरवाजा खोलिए। आँखों में इतनी कातरता कि कुछ कहते नहीं बना, सिर्फ इतना कहा कि तुम लोगों को इसका क्या अन्दाज होगा कि हम कितने परेशान रहे हैं। भोजन-दूध धरा रह गया, किसी ने भी छुआ नहीं, मुँह ढाँपकर सोने का बहाना शुरू हुआ, मैं भी स्वस्ति की साँस लेकर बिस्तर पर पड़ा, पर अर्धचेतन अवस्था में फिर जहाँ खोया हुआ था, वहीं लौट गया। अपने लड़के घर लौट आये, बारिश से नहीं, संगीत से भीगकर, मेरी दादी-नानी के गीतों के राम, लखन और सीता अभी भी वनवास भोग रहे हैं। तेज बारिश में पेड़ की छाया और दुःखद हो जाती है, पेड़ की हर पत्ती से टपू-टपू बूँदें पड़ने लगती हैं, तने पर टिकें, तो उसकी हर नस-नस से आप्लावित होकर बारिश पीठ गलाने लगती हैं। जाने कब से मेरे राम भीग रहे हैं और बादल है कि मूसलाधार ढरकाये चले जा रहे हैं, इतने में मन में एक चोर धीरे-से फुसफुसाता है, राम तुम्हारे कब से हुए, तुम, जिसकी बुनाहट पहचान में नहीं आती, जिसके व्यक्तित्व के ताने-बाने तार-तार होकर अलग हो गये हैं, तुम्हारे कहे जाने वाले कोई हो भी सकते हैं कि वह तुम कह रहे हो, मेरे राम! और चोर की बात सच लगती है, मन कितना बँटा हुआ है, मनचाही और अनचाही दोनों तरह की हजार चीजों में। दूसरे कुछ पतिताएँ भी, पर अपने ही भीतर परतीति नहीं होती कि मैं किसी का हूँ या कोई मेरा है। पर दूसरी ओर यह भी सोचता हूँ

कि क्या बार-बार विचित्र-से अनमनेपन में अकारण चिन्ता किसी के लिए होती है, वह चिन्ता क्या पराये के लिए होती है, वह क्या कुछ भी अपना नहीं है? फिर इस अनमनेपन में ही क्या राम अपनाने के लिए हाथ नहीं बढ़ाते आये हैं, क्या न-कुछ होना और न-कुछ बनाना ही अपनाने की उनकी बढ़ी हुई शर्त नहीं है?

तार टूट जाता है, मेरे राम का मुकुट भीग रहा है, यह भीतर से कहाँ पाऊँ? अपनी उदासी से ऐसा चिपकाव अपने सँकरे से दर्द से ऐसा रिश्ता, राम को अपना कहने के लिए केवल उनके लिए भरा हुआ हृदय कहाँ पाऊँ? मैं शब्दों के घने जंगलों में हिरा गया हूँ। जानता हूँ, इन्हीं जंगलों के आसपास किसी टेकड़ी पर राम की पर्णकुटी है, पर इन उलझाने वाले शब्दों के अलावा मेरे पास कोई राह नहीं। शायद सामने उपस्थित अपने ही मनोराज्य के युवराज, अपने बचे-खुचे स्नेह के पात्र, अपने भविष्यत् के संकट की चिन्ता में राम के निर्वासन का जो ध्यान आ जाता है, उनसे भी अधिक एक बिजली से जगमगाते शहर में एक पढ़ी-लिखी चन्द दिनों की मेहमान लड़की के एक रात कुछ देर से लौटने पर अकारण चिन्ता हो जाती है, उसमें सीता का खयाल आ जाता है, वह राम के मुकुट या सीता के सिन्दूर के भीगने की आशंका से जोड़े न जोड़े, आज की दरिद्र, अर्थहीन, उदासी को कुछ ऐसा अर्थ नहीं दे देता, जिससे जिन्दगी ऊब से कुछ उबर सके?

और इतने में पूरब से हल्की उजास आती है और शहर के इस शोर-भरे बियाबान में चक्की के स्वर के साथ चढ़ती-उतरती जन्तसार गीति हल्की-सी सिहरन पैदा कर जाती है। 'मोरे राम के भीजै मुकुटवा' और अमचूर की तरह विश्वविद्यालयी जीवन की नीरसता में सूखा मन कुछ जरूर ऊपरी सतह पर ही सही भीगता नहीं, तो कुछ नम तो जरूर ही हो जाता है, और महीनों की उमड़ी-घुमड़ी उदासी बरसने-बरसने को आ जाती है। बरस न पाये, यह अलग बात है (कुछ भीतर भाप हो, तब न बरसे), पर बरसने का यह भाव जिस ओर से आ रहा है, उधर राह होनी चाहिए। इतनी असंख्य कौसल्याओं के कंठ में बसी हुई जो एक अरूप ध्वनिमयी कौसल्या है, अपनी सृष्टि के संकट में उसके सतत उत्कर्ष के लिए आकुल, उस कौसल्या की ओर, उस मानवीय संवेदना की ओर ही कहीं राह है, घास के नीचे दबी हुई। पर घास की महिमा अपरम्पार है, उसे तो आज वन्य पशुओं का राजकीय संरक्षित क्षेत्र बनाया जा रहा है, नीचे ढकी हुई राह तो सैलानियों के घूमने के लिए, वन्य पशुओं के प्रदर्शन के लिए, फोटो खींचने वालों की चमकती छवि यात्राओं के लिए बहुत ही रमणीक स्थली बनाई जा रही है। उस राह पर तुलसी और उनके मानस के नाम पर बड़े-बड़े तमाशे होंगे, फुल-झड़ियाँ दगेंगी, सैर-सपाटे होंगे, पर वह राह ढँकी ही रह जाएगी, लेकिन चक्की का स्वर, श्रम का स्वर ढलती रात में भीगती रात में, अनसोये वात्सल्य का स्वर राह तलाशता रहेगा—किस ओर राम मुड़े होंगे, बारिश से बचने के लिए? किस ओर? किस ओर? बता दो सखी।

परम्परा और इतिहास-बोध

(हजारीप्रसाद द्विवेदी की पुण्य-स्मृति में)

–निर्मल वर्मा

आज के आधुनिक मनुष्य को इतिहास और समय के नियमों-कानूनों का जितना ज्ञान है, उतना शायद पहले किसी युग में प्राप्त नहीं था। असली अर्थ में वह ऐतिहासिक 'मनुष्य' है। एक तरह से इतिहास-बोध ही आधुनिकता का पर्याय मान लिया जाता है। मध्यकालीन संस्कृति में धर्म का जो केन्द्रीय स्थान था, उसने धीरे-धीरे पीछे हटते हुए अपनी जगह इतिहास को समर्पित कर दी है। मनुष्य प्रकृति के परिवेश में नहीं, इतिहास के सन्दर्भ में जीता है–इस सन्दर्भ में हर घटना पिछली घटना से नयी है, जो अब हो रहा है, वह पहले कभी नहीं हुआ। मनुष्य के क्रमिक विकास का यह बोध प्राचीन यूनानियों के लिए उतना ही अजनबी और पराया था जितना भारतीय मनीषियों के लिए–वे समय को विकास के रूप में नहीं, 'चक्र' के रूप में देखते थे, जहाँ हर घटना गुजरी हुई घटना की याद दिलाती है–स्मृति, जिसकी परतें जमती हुई परम्परा को जन्म देती हैं। पहले 'परम्परा' मनुष्य के भीतर थी, जो उसकी जीवन-मर्यादा को अनुशासित करती थी, अब इतिहास मनुष्य के भविष्य को निर्धारित करता है और परम्परा खोजने के लिए उसे पीछे की ओर देखना पड़ता है।

किन्तु यदि यह बात सच है कि इतिहास का जो प्रभुत्व आज हमारे जीवन में है, वह पहले कभी नहीं था, वहाँ यह बात भी उतनी ही सत्य है, कि मनुष्य आज जितना समय और इतिहास से त्रस्त है, उतना पहले किसी युग में नहीं था। उन्नीसवीं शती में सार्वभौमिक सत्ता से सम्पन्न जो मदमाता इतिहास बोध मनुष्य की प्रगति और मुक्ति का सन्देश लाया था, वह हमारे समय तक आते-आते अपनी ही क्रूर पैरॉडी में प्रतिध्वनित-सा होता है, भविष्य को निर्धारित करने वाले नियम, कानून, फार्मूले अब भी हैं किन्तु उन पर बीसवीं शताब्दी के रक्त और यातना और मोहभंग की इतनी गहरी काई जम चुकी है कि वे भविष्य के बन्द तालों में कहीं फिट नहीं हो पाते। कैसा है यह वैज्ञानिक, तर्कशील, गौरवपूर्ण इतिहास-बोध, जिसने आज

मनुष्य को स्वयं अपने ही भविष्य के प्रति इतना अरक्षित, आतंकित और अनाश्वस्त बनाकर छोड़ दिया है?

यह नहीं कि हम मानव-भविष्य के बारे में जानते नहीं, आज के आधुनिक मनुष्य ने इतिहास-बोध से उत्प्रेरित होकर भविष्य के बारे में जो परिकल्पनाएँ और सम्भावनाएँ आविष्कृत की हैं, उनके आधार पर 'भविष्यशास्त्र' (फ्यूचरोलॉजी) की पूरी एक रसायनशाला निर्मित की जा सकती है। किन्तु इस भविष्य का वर्तमान की विभीषिका से कोई सम्बन्ध नहीं, बल्कि यूँ कहें वर्तमान की विभीषिका से बचने के लिए ही इस 'ऐतिहासिक भविष्य' का निर्माण किया गया है—वह चाहे वर्गहीन समाज का स्वप्न हो या कम्प्यूटर-निर्धारित 'रोबो' का यन्त्रलोक, इससे कोई अन्तर नहीं पड़ता। हम समय में नहीं, एक काल्पनिक समय में जीते हैं—और विचित्र बात यह है कि इसमें मनुष्य की मृत्यु को देशनिकाला दे दिया गया है क्योंकि स्वयं अपनी मृत्यु से भयभीत होकर हमने भविष्य लोक में शरण ली है। मृत्यु अगर है तो अतीत में—एक मृत अतीत में—जिसे हम म्यूजियम्ज और पुरातत्त्व संग्रहालयों में सुरक्षित रखते हैं। इतिहास-बोध जो एक समय में मनुष्य के अतीत को उसकी नियति से जोड़ता था—जिसके परिप्रेक्ष्य में यहूदी मसीहाओं और ईसाई चर्च ने मानव की नैतिक मर्यादाएँ निर्धारित की थीं—जिसके मर्म को आँकने के लिए स्वयं मार्क्स ने अतीत की शृंखलाओं को जोड़ा था, वह एक ऐसी स्वायत्त सत्ता में बदल गया है—मनुष्य की नियति और नैतिकता से ऊपर—एक ईर्ष्यालु देवता (जैलस गॉड)—जिसकी असीम बुभुक्षा को तृप्त करने के लिए मनुष्य एक के बाद दूसरी क्रान्ति करता है, किन्तु हर क्रान्ति उसे मुक्त करने के बजाय अपने लौह-पाश में और भी अधिक जकड़ लेती है; जिस भविष्य-निर्माण के लिए वह क्रान्ति करता है, वह उसके वर्तमान को और भी अधिक कुत्सित और दयनीय बनाकर छोड़ देती है। हिटलर ने जर्मन राइख के 'हजार वर्ष के भविष्य' का स्वप्न देखा था, स्वयं सोवियत क्रान्ति ने एक 'नये मनुष्य' का निर्माण करने का गर्वपूर्ण दावा किया था। आज दोनों का हश्र हमारे सामने है। मनुष्य ने जिस दिन 'ऐतिहासिक अनिवार्यता' को मनुष्य की नियति के साथ जोड़ दिया था, उसी दिन मार्क्स का यह विश्वास झूठा पड़ गया कि मनुष्य अपना इतिहास स्वयं बनाता है, उलटे इतिहास को यह अमानुषिक स्वायत्त (फ्रेंकेस्टाइन) शक्ति प्राप्त हो गयी कि वह खुद मनुष्य की नियति को अनुशासित कर सके।

यह आधुनिक युग की विचित्र विडम्बना मानी जाएगी कि एक तरफ आज का मनुष्य, 'इतिहास-बोध' से आक्रान्त है, दूसरी तरफ मृत अतीत और काल्पनिक भविष्य के बीच स्वयं इतिहास की जीवन्त धारा सूख गयी है। जिस तरह नदी में डूबता आदमी पानी से रिश्ता नहीं जोड़ पाता उसी तरह इतिहास में डूबा मनुष्य समय का मर्म नहीं जान सकता। वह इतिहास से सन्त्रस्त हो सकता है, किन्तु उसे अपने जीवन और मृत्यु का साक्षी नहीं बना सकता; वह इतिहास जो इस धरती

पर मनुष्य का साक्षी न बन सके, उसका क्या अर्थ रह जाता है? यही कारण है कि आज इतिहास-बोध आधुनिक मनुष्य का ठूँठा अन्धविश्वास बनकर रह गया है जिसके पास वह भविष्य का अर्थ टटोलने नहीं, वर्तमान से छुटकारा पाने जाता है।

किन्तु क्या हम वर्तमान से छुटकारा पा सकते हैं? समय की धारा में क्या वर्तमान ही ऐसा स्थिर बिन्दु नहीं है जहाँ मनुष्य अपनी नश्वता के बावजूद या उसके कारण ही इतिहास में इतनी सम्पूर्ण नियति से साक्षात करता है? यद्यपि यह नियति उसके व्यक्तिगत अतीत से सम्बन्ध रखती है, किन्तु उसके साथ वह मनुष्य के समग्र भविष्य को भी आलोकित करती है जिसमें दूसरे लोगों की नियति भी जुड़ी है। भविष्य किसी काल्पनिक 'युटोपिया' में स्थिर नहीं है, वह वास्तव में मनुष्य के उन अवशेषों में रहता है, जिसे हर व्यक्ति अपनी मृत्यु के बाद छोड़ जाता है—उसकी स्मृति और स्वप्न। हम जिसे मानवता का भविष्य कहते हैं, वह इतिहास में जीने वाले व्यक्ति का अतीत है, जो उसकी मृत्यु के बाद भी बचा रहता है—जिससे परम्परा बनती है। हम इस अद्भुत निष्कर्ष पर पहुँचते हैं कि भविष्य का बोध हमें कहीं आने वाले समय में नहीं, पीछे गुजर जाने वाले अतीत में उपबन्ध होता है। हजारीप्रसाद जी ने इतिहास का बोध प्रकृति की नैसर्गिक लय से प्राप्त किया था—पश्चिम के इतिहास-आतंक से नहीं, इसीलिए वह व्यक्ति की मृत्यु को झरा हुआ पत्ता मानते थे जो खुद मिट्टी में मिल नये वृक्ष में अंकुरित होता है। क्या पत्ते का भविष्य वृक्ष नहीं है जो स्वयं पत्ते की मरी हुई स्मृति से विकसित हुआ है।

स्मृति की यह विशेषता है कि वह अपने पीछे कोई पद-चिह्न नहीं छोड़ जाती—वह स्वयं पद-चिह्न बन जाती है, परम्परा का मतलब इन पद-चिह्नों पर चलकर उस वर्तमान को परिभाषित करना है जहाँ मनुष्य आज जीवित है। हम चलते पीछे की तरफ है किन्तु पहुँचते वहाँ हैं जहाँ हम आज इस क्षण में हैं। परम्परा इस अर्थ में विगत की खोज नहीं, विगत के भविष्य का अन्वेषण है। हम पीछे की ओर चलते हुए आगे की तरफ बढ़ते हैं और तब हमें पता चलता है कि 'आगे' और 'पीछे' का ऐतिहासिक बोध स्वयं अपने में छलना है—समय की दृष्टि से जो आगे हो, जरूरी नहीं वह विगत की कसौटी बन सके; उलटे जो बीत चुका है वह एक नैतिक मर्यादा के रूप में एक स्वप्न की तरह मनुष्य के आगे-आगे चलता है। दो हजार वर्ष पूर्व सूली पर चढ़े हुए ईसा या उससे भी पहले बोधिवृक्ष के नीचे बैठे सिद्धार्थ ने जो 'सत्य' उपलब्ध किया था, वह क्षण मनुष्य के भीतर आज भी मौजूद है—या यूँ कहें, वह सत्य जो ऐतिहासिक समय की गणना में दो हजार वर्ष पुराना है, उसे मानव सत्य बनने में शायद अगले दो हजार वर्ष भी कम पड़ेंगे। ऐतिहासिक समय उत्तरोत्तर आगे बढ़ता हुआ खुद मनुष्य के अपने अर्जित किए हुए सत्यों के सामने छोटा पड़ता जाता है—स्वयं अपनी 'प्रगति' को नापने के लिए उसे पीछे मुड़कर देखना पड़ता है।

मनुष्य अपना इतिहास खुद बनाता है, किन्तु वह 'कच्चा माल' जिससे इतिहास

बनता है, वह अनुभव-राशि जिसकी मिट्टी से वह अपना भविष्य गढ़ता है, कहीं और नहीं, उसके अतीत-बोध में सन्निहित है। "भविष्य हमें कुछ नहीं देता, खुद हमें उसका निर्माण करने के लिए अपना सर्वस्व, अपना जीवन तक देना पड़ता है। किन्तु हम कुछ दे सकें, इसके लिए जरूरी है कि हमारे पास कुछ हो और हमारे पास कोई दूसरा जीवन, कोई सृजन-रस नहीं है सिवा अतीत के उन खजानों के जिन्हें हमने अपने भीतर आत्मसात् करके नये रूप में सर्जित किया है। मनुष्य की आत्मा की जरूरतों में अतीत की जरूरत सबसे अधिक शक्तिशाली है", ये शब्द सिमोन वेल के हैं, किन्तु परम्परा और मनुष्य के भविष्य के बारे में क्या आचार्य हजारीप्रसाद जी की आत्मा इन शब्दों में नहीं झलकती?

किन्तु अतीत का बोध अतीत के प्रति सम्मोहन या नॉस्टाल्जिया से बहुत भिन्न है। विगत के प्रति सम्मोहन उसी समय उत्पन्न होता है, जब हम परम्परा से विगलित हो जाते हैं। नॉस्टाल्जिया हमेशा उन चीजों से होता है जो हमसे टूटकर दूर छिटक गयी हों; स्मृति में हम उसे खोजते हैं, जो हमारे भीतर पहले से ही मौजूद है। परम्परा का रिश्ता स्मृति से है, नॉस्टाल्जिया से नहीं। वास्तव में भविष्य के प्रति दास-भाव और अतीत के प्रति सम्मोहन ऊपर से अलग दीखने पर भी एक सिक्के के दो पहलू हैं। भविष्य के प्रति समर्पण इसलिए प्रगतिशील नहीं हो जाता कि उसके पास इतिहास की कसौटी है, अतीत के प्रति लगाव इसलिए गौरवपूर्ण नहीं हो जाता कि उसे परम्परा का कवच प्राप्त है। दोनों के मूल में एक ही अभिशाप है—मनुष्य का स्वयं अपनी आत्मा और समय से निर्वासन। इस आत्म-निर्वासन का यह परिण ाम है कि हम कभी भविष्य में अपनी मुक्ति खोजते हैं, कभी अतीत में अपनी खोई हुई महिमा और गौरव को पाने का स्वप्न देखते हैं।

मनुष्य का आत्म-निर्वासन विशेष रूप से आधुनिक बोध की देन है। यूरोप में आधुनिकता का आन्दोलन एक ऐसे खण्डित काल-बोध से उत्पन्न हुआ था जिसमें मनुष्य का इतिहास-बोध और परम्परा दो स्वतन्त्र इकाइयों में विभाजित हो गयी थीं। यह नहीं कि आधुनिक यूरोपीय मनुष्य अपनी परम्परा के प्रति सचेत नहीं था—किन्तु अब वह बाहर की चीज थी, जिसे वह स्वीकार कर सकता था या ठुकरा सकता था। इतिहास-बोध के बीच यह अनोखा अन्तर्विरोध है कि मनुष्य स्वतन्त्रता ही उसे अतीत बोध से विच्छिन्न कर देती है; परम्परा अब जीने की मर्यादा नहीं, एक खोया हुआ समय है, कहीं अतीत में जमा हुआ खजाना, जिसे मनुष्य अपनी ऐतिहासिक चेतना से उपलब्ध करता है। दूसरे शब्दों में कहें तो 'ऐतिहासिक समय' मनुष्य के समूचे समय को हथियाने की, कॉलोनाइज करने की चेष्टा करता है, उसे अपनी अहं-केन्द्रित इमेज में ढालना चाहता है। जिस तरह पिकासो विभिन्न जातीय परम्पराओं का रस खींचकर अपने कलात्मक 'विजन' को पोषित करते हैं, कुछ-कुछ उसी तरह पश्चिम का ऐतिहासिक समय अपने को केन्द्र मानकर न केवल यूरोप

के अतीत को बल्कि गैर-यूरोपीय एशियाई और अफ्रीकी संस्कृतियों की परम्परा को अपने 'औपनिवेशिक प्रभामण्डल' में खींच लेता है। पश्चिम का ऐतिहासिक समय धीरे-धीरे समूची मानव-जाति के समय-बोध को शोषित करने लगता है।

यदि आज, भारतीय मनीषा इतिहास और अतीत के दो मृत खण्डों में विभाजित दिखाई देती है तो हमें इसका कारण सीधा पश्चिम के उस अहं-केन्द्रित इतिहास-बोध में दिखाई देगा जिसने पिछले दो सौ वर्षों में भारतीय मनुष्य को उसके अतीत और परम्परा से उन्मूलित किया है; कितना बड़ा व्यंग्य है कि जिन यूरोपीय इतिहासकारों और पुरातत्त्व के पण्डितों ने अपने अनुवादों, खोजों और खुदाइयों से भारतवासी को अपनी विशिष्ट परम्परा से परिचित कराया, उसी सभ्यता ने उस सामाजिक संरचना के तन्तुजाल को भी नष्ट किया, जिसमें मनुष्य अपनी परम्परा में साँस लेता था, अपने पावन अतीत को अपने वर्तमान में जीता था। किसी जाति के मिथक और विश्वास उनकी जीवन-प्रणाली—उसके आत्मीय संसार से जुड़कर ही जीवन्त हो पाते हैं, एक की अभिव्यक्ति दूसरे के द्वारा होती है। मनुष्य जीने की प्रक्रिया में अपने विश्वासों को उद्घाटित करता है, उन विश्वासों के द्वारा जीने की प्रणाली मर्यादित करता है, ऐसी संस्कृति में इतिहास का समय एक अक्षुण्ण धागे से परम्परा के कालातीत बोध से जुड़ा होता है। मनुष्य एक साथ दो काल-प्रदेशों में जीता है और ये दोनों एक-दूसरे से अलग नहीं हैं। एक-दूसरे के समानान्तर भी नहीं हैं—दोनों एक-दूसरे से उलझे हैं—इस उलझाव में ही एक जाति की आत्मा अपना आकार ग्रहण करती है। पश्चिम के इतिहास-बोध ने इस 'आत्मा' के तन्तुजाल को छिन्न-भिन्न कर दिया, उसे दो फाँकों में खण्डित कर दिया। मनुष्य का मिथक-संसार और उसकी जीवन-प्रणाली दो मृत कठघरों में विभाजित हो गये। दोनों के बीच घाव की खरोंच अब भी मौजूद है। नायपाल ने भारतीय संस्कृति को 'घायल संस्कृति' माना है; काश, वह इस घाव के पीछे इतिहास के उस अस्त्र को भी देख पाते जिसका लोहा अब भी उसकी लहूलुहान आत्मा के भीतर गड़ा है।

सम्भव है, हर जाति को देर-सवेर ऐतिहासिक-बोध प्राप्त करने का मूल्य चुकाना पड़ता है। हम अपनी परम्परा के प्रति उसी समय सचेत होते हैं जब उसे खो देते हैं। स्वयं को जानना ही आदि-पाप बन जाता है, जो हमें परम्परा और अतीत-बोध के 'गार्डन ऑफ ईडन' से निष्कासित कर देता है। किन्तु यह आत्मबोध क्या खुद अपने में छलना नहीं है? हम अपने को जानकर अपने अतीत से विच्छिन्न होते हैं और फिर विच्छिन्नता खुद अपने को जानने में बाधा बन जाती है। वास्तव में हम सभ्यता का आत्मबोध में नहीं, उसके अहं-केन्द्रित अलगाव में जीते हैं। इस अहं-केन्द्रित ऐतिहासिक बोध का इससे बढ़कर प्रमाण क्या हो सकता है कि जिन रेड-इण्डियंस की सभ्यता को सफेद जातियों ने इतनी निर्ममता से उत्मूलित किया, उन्हीं के तीर-कमान, वेश-भूषा, देवी-देवताओं की मूर्तियाँ आज अमेरिका के संग्रहालयों में बड़े गर्व से

प्रदर्शित की जाती हैं। यह है मानवीय-परम्परा के प्रति आधुनिक इतिहास-बोध का बर्ताव। इसी आक्रामक इतिहास-बोध का प्रमाण—बिल्कुल विपरीत रूप में—हमें एक दूसरी समाज-व्यवस्था में मिलता है, जहाँ वर्तमान में जीने वाले लेखकों की आत्मा पर ताला लगाकर टाल्स्टाय और पुश्किन की गौरवपूर्ण परम्परा के दरवाजे खोले गये हैं। हम यह भूल जाते हैं कि जिस प्रकार आज का लेखक परम्परा से प्रेरणा पाकर नया सत्य खोजता है, उसी तरह परम्परा भी आज के लेखक के भीतर ही अपना सत्य उद्घाटित करती है। जब हम 'इतिहास-बोध' के नाम पर 'सोल्जेनित्शन' जैसे लेखक को देश-निकाला देते हैं तो यह ध्यान नहीं आता कि उसके साथ-साथ हम टाल्स्टाय और दॉस्तोवस्की की परम्परा को भी देश-निकाला दे रहे हैं। पुराने लेखकों की पुस्तकों को लाखों की संख्या में छापकर साहित्य-परम्परा का संरक्षण नहीं होता। उसका सत्य आज के लेखक की मुक्त वाणी में संरक्षित होता है ऐसा सत्य जिसके लिए वह किसी से नहीं डरता, 'लोक से भी नहीं, वेद से भी नहीं, गुरु से भी नहीं।' (ये शब्द सोल्जेनित्शन के नहीं, हजारीप्रसाद द्विवेदी के हैं)।

मनुष्य-नियति की यह पीड़ित विडम्बना है कि जब वह सम्पूर्ण रूप से आत्मनिर्वासित हो जाता है, तब सम्पूर्ण रूप से मुक्त भी हो जाता है। अतीत और भविष्य के बारे में उसके सब भ्रम और लगाव छूट जाते हैं। इतिहास मानो एक हाथ से उसका सर्वस्व छीनकर दूसरे हाथ से उसे निगीह, नंगी, अँधेरे में ठिठुरती हुई स्वतन्त्रता दे देता है। यह ऐतिहासिक-बोध का अभिशाप है कि मनुष्य अपने को खो देता है, किन्तु उसका वरदान भी यही है कि वह सब कुछ खोने के बाद भी सब कुछ पा सकता है। वह पाना समय में होता है, किन्तु जो चीज पायी जाती है, वह खुद समय की सीमाओं का अतिक्रमण कर लेती है। क्या कला का मूल सत्य भी यही नहीं है? वह अपने में ठहरी हुई स्मृति को उन्मेषित कर देती है, जिसे हम परम्परा कहते हैं, किन्तु वह अपने भीतर समय को स्थगित भी कर लेती है, जिसे हम इतिहास कहते हैं। इसलिए परम्परा और इतिहास, जिन्हें हम दो विरोधी तत्त्व मानते आये थे—एक शाश्वत, दूसरा नश्वर—कलाकार उन्हें अपनी स्वतन्त्र चेतना के बिन्दु पर एकीकृत कर लेता है; कला शाश्वत वर्तमान में जीती है। कला का यह मर्म मनुष्य-जीवन का सत्य भी हो सकता है, ऐसा हजारीप्रसाद जी सोचते थे। इस सत्य को वह मनुष्य के भीतर एक अनामी देवता की तरह पाते थे। इस देवता की कोई बनी-बनाई मूर्ति नहीं थी। मनुष्य उसे अपनी परम्परा से खोदकर बाहर निकालता है; बाहर जो चीज आती है वह मूर्ति नहीं, मनुष्य की स्मृति है, वह अपने पंख में समय खोलती है, समय जो अब और आज है और उसकी खुलती हुई सलवटों में देवता का जो बिम्ब निकलता है, उससे वह कभी सन्तुष्ट नहीं होता। वाल्टर बैंजामिन के शब्दों में कहें तो "कोई मूर्ति उसे सन्तुष्ट नहीं करती, क्योंकि देवता का सत्य स्मृति में नहीं, उसकी अनवरत खुलती सलवटों में छिपा रहता है।"

मेरे विचार में हजारीप्रसाद जी की यह सबसे महत्त्वपूर्ण देन थी कि एक आधुनिक भारतीय किस दुर्गम रास्ते से अपनी खण्डित चेतना का अतिक्रमण कर सकता है, अपनी जातीय स्मृति की सलवटों से उस देवता की मूर्ति निकाल सकता है, जिस पर पिछले दो सौ वर्षों से इतिहास की गर्द जमा होती गयी है, जो मूर्ति भी है और आईना भी, जिसमें वह अपने से साक्षात्कार करता है। वह सही अर्थ में आधुनिक थे, क्योंकि वह अतीत की सब छलनाओं और इतिहास की मरीचिकाओं से मुक्त थे--वह सही अर्थ में हिन्दू भी थे--ऐसे ब्राह्मण--जिन्होंने हिन्दुत्व की बहुविध प्रेरणाओं से मनुष्य का सत्त्व निचोड़ा था। आधुनिकता और हिन्दुत्व--इन दोनों के मेल से वह प्रामाणिक अर्थ में 'भारतीय' बने थे। उनकी दृष्टि में 'भारतीयता' वर्तमान के पासपोर्ट पर कोई बनी-बनाई विरासत नहीं थी, जिसे हम अतीत से पा लेते हैं--वह एक ऐसा मूल्य थी, जिसे हर पीढ़ी को अपने समय में अर्जित करना पड़ता है।

वंदे वाणी विनायकौ

—कुबेरनाथ राय

जिस प्रकार गार्हस्थ जीवन के आदि पूज्य हैं गौरी-गणेश, उसी भाँति सारस्वत जीवन के आदि पूज्य हैं सरस्वती-गणेश। हमारे राष्ट्रीय काव्य 'महाभारत' की रचना इन दोनों के साक्ष्य में हुई थी। रचते थे व्यास, समझ-समझकर लिपिबद्ध करते थे गणेश और साक्षी रहती थी सरस्वती। बदरी क्षेत्र में व्यास गुफा के मन्दिर के पास आज भी सरस्वती और गणेश मन्दिर स्थिति हैं। सरस्वती सृजन शक्ति है, परन्तु उस सृजन की अभिव्यक्ति को धारण करना, लिप्यंतर करके उसे स्थिर रखना, गणेश का काम है। मन्त्र तो मुख-परम्परा से चल सकते हैं, पर काव्य-इतिहास पुराण-स्मृति-दर्शन आदि नहीं। इनके लिए न केवल सृजन-शक्ति बल्कि धारण-शक्ति का भी आशीर्वाद और सहयोग चाहिए। अतः सारस्वत या बौद्धिक कार्यों के सम्पादन के लिए प्रारम्भ में सरस्वती और गणेश की वन्दना आवश्यक है। सृजन-शक्ति है 'प्रतिभा'। यह प्रतिभा मनोभूमि और विज्ञान-भूमि दोनों से होती हुई चरम आनन्द-भूमि तक व्याप्त है। यह मनोमय-विज्ञानमय-आनन्दमय तीनों कोषों में ओत-प्रोत है। यह त्रिपुर सुन्दरी का ही रचनात्मक रूप है। आनन्दमय कोष में यह ह्लादिनी कहलाती है, विज्ञानमय कोप में यह संवित् है और मनोमय कोष में यह संघिनी है। परन्तु सर्जना-काल में तीनों कोषों में एकसाथ यह सक्रिय होती है, कवि के सम्पूर्ण आन्तरिक व्यक्तित्व को ओत-प्रोत करती हुई परन्तु इसका मूल क्षेत्र मनोमय, विज्ञानमय और आनन्दमय कोष ही है। इसी प्रतिभा का अपर नाम है 'वाक्' एवं इसके दो भेद होते हैं 'परावाक्' और 'अपरावाक्'। सरस्वती इसी 'वाक्' का ही पर्याय है। त्रिपुर सुन्दरी के सक्रिय रूपों में से एक 'सरस्वती' रूप भी माना गया है। इसका मन्त्रबीज है 'ऐं'। माया, लक्ष्मी ('श्री'), काली, सरस्वती आदि त्रिपुर सुन्दरी के सक्रिय रूप हैं। उन सक्रिय रूपों के अतिरिक्त भी एक है निर्विकार शुद्ध, निष्क्रिय रूप जो मात्र साक्षी रहता है। परमात्मा के दो रूप हैं : एक है सक्रिय सृष्टिकर्ता रूप, दूसरा साक्षी निर्विकार रूप। इसी भाँति उनकी शक्ति (जिसे आद्या या त्रिपुर सुन्दरी या आर्या आदि कहते हैं।) के भी दो रूप हैं : सक्रिय और साथी। त्रिपुर सुन्दरी की 'वाङ्मयी' भूमिका

में सक्रिय रूप का नाम है 'वाक्' और इस 'वाक्' की बाह्याभिव्यक्ति की संज्ञा है 'वाङ्मय'। वाङ्मय ही 'वाक्' को धारण करता है, जैसे देह आत्मा को धारण करती है और उसे एक स्वतन्त्र सगुण व्यक्तित्व देती है। गणेश इसी 'वाङ्मय' के प्रतीक हैं क्योंकि इस 'वाक्' को सगुण लिप्यन्तर करके धारण करने की क्षमता उन्हीं में है। इसी से गोसाईं जी ने अपने महाकाव्य 'रामचरितमानस' के प्रथम श्लोक में सरस्वती और गणेश की ही वन्दना की है–

''वर्णानां अर्थ संधानां रसानां छन्दसामपि।
मंगलानां च कर्त्तारौ वन्दे वाणी विनायकौ।।''

''गणपति सहस्रहोम' की आहुतियों के कुछ मन्त्र इस प्रकार हैं : 'ओउम् पंचाशान्मात्रिकालयाय स्वाहा सप्त। छन्दोनिधये नमः स्वाहा। सरस्वतायश्रयाय नमः स्वाहा। गद्यपद्य सुधार्णवाय नमः स्वाहा। अष्टादिशलिपि व्यष्टि समष्टि ज्ञानकोविदाय नमः स्वाहा'' इत्यादि।

'गणपति सहस्रहोम' के आहुति मन्त्रों के अनुसार गणेश जी 'पचास वर्णमात्रिकाओं के आलय' हैं। रस और छन्द सरस्वती की आकृतियाँ है तो गणेश 'सप्तछन्दोनिधि' हैं (वैदिक छन्द सात ही होते हैं)। वर्ण-रस-छन्द आदि सरस्वती की सगुण आकृतियाँ हैं तो उनका धारक है त्रिकालव्यापी 'वाङ्मय', जिसके प्रतीक हैं गणेश'। सरस्वती कवि की आन्तरिक 'प्रज्ञा' है, तो गणेश हैं त्रिकालव्यापी 'वाङ्मय' जो उस प्रज्ञा के सगुण एवं अभिव्यक्त रूप का आश्रय है, पुस्तकों के रूप में एवं पुस्तक की धारणा करने वाली सारस्वत परम्परा के रूप में। इस प्रकार हम देखते हैं कि गोसाईं जी प्रथम श्लोक में ही अन्तर की प्रज्ञा के साथ-साथ त्रिकालव्यापी वाङ्मय एवं वाङ्मयधर वन्दना करते हैं जो कि एक सत्ता के ही व्यक्तिगत और समष्टिगत दो तरह के रूप हैं। तुलसीदास बड़े सावधान कवि थे। उन्होंने 'रामचरितमानस' में शब्दशः सावधानी बरती है। ऐसी अवस्था में उनका प्रथम श्लोक कितनी तन्मयता और सावधानी के बाद लिखा गया होगा, इसकी कल्पना नहीं की जा सकती। जिस प्रकार बिना शक्ति का स्पर्श पाये शिव 'शव' रहते हैं, उनमें 'चिति' का संचार तभी होता है जब वे शक्ति के साथ युगनद्ध होते हैं। वैसे ही बिना 'सरस्वती' के 'गणेश' निष्क्रिय हैं, बिना 'वाक्' (वाङ्) के 'वाङ्मय' 'वाङ्मयधर' का अस्तित्व ही नहीं। अतः यह सरस्वती-गणेश -वन्दना प्रकारान्तर से उसी शिव-शक्ति की वन्दना है जिसके एक भिन्न रूप को अगले दोहे के 'भवानी शंकरौ' की वन्दना में अभिव्यक्त किया गया है। 'वाणी विनायकौ' कहकर गोस्वामी तुलसीदास 'वाक्' और 'वाङ्मय' के परस्पर सम्मिलित अर्धनारीश्वर रूप की ओर इशारा कर रहे हैं। गोया 'वाणी विनायकौ' 'एक' शब्द का ही 'द्विवचन रूप' हो। बिना सरस्वती के गणेश निष्प्राण और निष्क्रिय हैं तथा बिना गणेश के सरस्वती का कोई रूप या आकार ही नहीं हो सकता। इसी के दोनों को कवि ने अर्धनारीश्वर की भाँति युग्म रूप में वंदित किया है। यह कार्य

उनकी सजगता का द्योतक है। वे दोनों की अलग-अलग श्लोकों में भी तो वन्दना कर सकते थे। परन्तु दोनों की वन्दना एक श्लोक में और 'एकीकृत' युग्म रूप में करने का विशेष तात्पर्य है उनके सक्रिय, चैतन्य, सम्पन्न तथा सगुणात्मक रूप की वन्दना। यह तो हुई इस प्रारम्भिक श्लोक की मूल विशेषता। अब हम 'मानस' के इस श्लोक की अन्य विशेषताओं की भी कुछ चर्चा करेंगे।

'मानस' के इस प्रथम श्लोक का आदि वर्ण है, 'व' (''धर्णानां अर्थ संधानां...'' इत्यादि) और अन्तिम वर्ण भी है 'व' (''....मानवाः'', उत्तरकाण्ड की अन्तिम पंक्ति), इस प्रकार महाकाव्य का आदि और अन्त है 'ब' बीज। 'व' जलतत्त्व का प्रतीक वर्ण है। यों शब्दकोश में इसके अन्य अर्थ भी हैं : यथा, वरुण, समुद्र, सरोवर (जो जल सम्बन्धित हैं), शुभ तथा पवन आदि। परन्तु गोसाईं जी का तात्पर्य 'जल' से ही ज्ञात होता है। महाकाव्य के नाम में ही इस धारणा का बीज निहित है। उन्होंने महाकाव्य का नाम 'रामचरित-प्रभा' या 'रामचरित-चन्द्रिका' न चुनकर एक कम 'चालू' किस्म का नाम 'रामचरितमानस-सर' चुना—बाद में लाघवता के लिए 'सर' छूट गया और 'रामचरितमानस' इसका नाम हुआ। ऐसा इसलिए कि उनके महाकाव्य में भक्ति का प्राधान्य है और भक्ति जलतत्त्व है, जबकि ज्ञान है पावक या प्रभा-भास्कर सूर्य। इसी से कोई भी शब्द जो 'प्रकाश' और 'दाह' का सम्बन्धी हो, इन महाकाव्य के नाम में खप नहीं सकेगा। इसी से उन्होंने इस काव्य का नाम 'रामचरित-प्रभा', 'रामचरित-भास्कर', 'रामचरित-चन्द्रिका' आदि न रखकर इसके अन्दर अभिव्यक्त तत्त्व की प्रकृति के अनुसार जलतत्त्व प्रधान नाम रखा 'रामचरितमानस'। प्रारम्भ का 'व' वर्ण इस बात का द्योतक है कि यह महाकाव्य 'जल' स्वभाव से ओत-प्रोत है। यहाँ पर एक प्रश्न और उठता है। 'व' के प्रति उनकी इतनी सावधानी रही, तो फिर 'व' का अर्थ तो 'समुद्र', 'वरुणालय' आदि भी होता है, ऐसी अवस्था में महाकाव्य का नाम 'रामचरित-सागर' रख देते। 'सरोवर' से 'सागर' अधिक महिमामय होता है। यह नाम कुछ चालू किस्म का होता और अधिक प्रतापशाली भी लगता। परन्तु गोस्वामी जी का चिन्तन कुछ अधिक सूक्ष्मतर है। सागर वृहत्तम जलाशय है सही, पर खारा होता है। न कोई पान कर सकता है और न स्नान। पर भक्ति जल तो वह जल है जिसका उपयोग ही है आत्मा के पान और अवगाहन के लिए। अतः 'सागर' या 'वारिधि' कहने से काम नहीं चलेगा। महाकाव्य का उद्देश्य वीरगाथापरक नहीं कि वह 'सागर रघुवर बाहुबल' पर ही सीमित रहे। महाकाव्य का उद्देश्य बृहत्तर है; शील, करुणा और सौन्दर्य का उद्घाटन। लक्ष्मण से अधिक भरत के चरित्र को गढ़ने में सावधानी और परिश्रम क्यों किया गया है? इसी कारण कि महाकाव्य की दृष्टि 'पराक्रम' पर नहीं शील, करुणा और सौन्दर्य पर निबद्ध है। ये पराक्रम से भी शक्तिशाली तत्त्व है। इनकी शक्ति अचूक और अटूट होती है। इन्हीं के कारण भारत का भक्ति आन्दोलन इस्लाम के खड्ग से शक्तिशाली सिद्ध हुआ। इन्हीं के

कारण इतिहास में गोरी-खिलजी-मुगल पराजित हो गये और जीत हुई रामानन्द, बल्लभाचार्य और चैतन्यदेव की। इसी से भक्त कवियों ने अपनी रचनाओं में शीलगत निर्मलता, करुणागत तरलता और सौन्दर्यगत पावनता पर पराक्रम और ऐश्वर्य से अधिक बल दिया है। इसी से गोसाईं जी ने इसे 'रामचरित समुद्र' न कहकर 'रामचरितमानस' कहा। समुद्र में कौन प्रवेश करता है? मणिमाणिक के लालच में गोताखोर या मत्स्याखेट के लिए मछुआरे। स्नान या अवगाहन तो होता है सरिता अथवा सरोवर में ही। गोस्वामी जी ने अपनी कविता को बार-बार पुण्यतोवा नदी कहा है—'रामकथा मन्दाकिनी' कहा है। और उन्होंने महाकाव्य को 'रामचरित सरिता' न कहकर 'रामचरितमानस' इसलिए कहा है कि 'मानस-सर' ही भारत की पुण्यतोया नदियों—सिन्धु-सतलज-सरयू-ब्रह्मपुत्र—का और कवि परम्परा के अनुसार गंगा का भी उत्स या पिता है। सरयू मानसरोवर से ही 'कर्णाली' की संज्ञा लेकर निकलती है। 'कथा' या 'कविता' यदि नदी है ('चली सुभग कविता सरिता-सी') तो इसका उत्स है 'मानस-सर' रूप रामचरित। इसी 'मानस' रूप रामचरित में हंसात्माएँ विहार करती हैं। यदि मोती चाहिए तो वेदान्त के महासमुद्र में क्यों जाओगे? वह तो भक्ति के मानस-जल में भी प्राप्त हो जाएगा। समुद्र में डूबने का खतरा है और खारेपन के कारण न तो स्नान सम्भव है और न पान। अतः पान, स्नान और मुक्ताभक्षण के लिए मानस-सर में, भक्ति के मानस-जल में उतरो। गोसाईं जी का यही उपदेश है, और इसी उपदेश या जीवन-दर्शन के अनुसार उन्होंने महाकाव्य का नामकरण किया है 'रामचरितमानस', जो सुनने में या अनुवाद करने में उतना चलता और सुन्दर नहीं ज्ञात होता जितना 'रामचरित भास्कर', 'रामचरित दीपिका' या 'रामचरित वारिधि' आदि लगते। परन्तु सूक्ष्म विवेचन से ज्ञात होता है कि इससे सटीक नाम ही नहीं हो सकता। यह जल तत्त्व का द्योतक नाम है। यह महाकाव्य के उद्‌देश्य, 'भक्ति का पान और अवगाहन' का द्योतक है। इस तथ्य का द्योतक कवि ने आरम्भ और अन्त के 'व' वर्ण के प्रयोग द्वारा भी किया है। अवगाहन तत्त्व पर महाकाव्य के अन्तिम श्लोक में भी बल दिया गया है :

''पुण्यं पापहरं सदा शिवकरं विज्ञानभक्तिप्रदं
मायामोहमलापहं सुविमलं प्रेमाम्बुपूरं शुभम्।
श्रीमद्रामचरित्रमानसमिदं भक्त्यावगाहन्ति ये
से संसारपतंगघोरकिरणैर्दह्यन्ति नो मानवाः।''

('मानस' का अन्तिम श्लोक)

काशी के प्रसिद्ध रामायणी विजयानन्द त्रिपाठी महोदय का कथन है कि 'मानस' का प्रथम पद 'वर्णानां' 'मगण' (ऽऽऽ) है। जब तीनों वर्ण गुरु हों तो वह छन्द-पद मगण होता है। इसका अर्थ है 'श्री', 'बुद्धि', 'लाभ', 'शुभ' आदि! परन्तु मेरे मन में एक बात और उठती है। गोसाईं जी यदि 'शब्दानां अर्थ संधानाम्' ऐसा लिखते तो भी

‘मगण’ सुरक्षित रहता और ‘शब्दानां अर्थ संधानामं’ ऐसा लिखने से चालू भाषा में प्रचलित ‘शब्द-अर्थ’ का जोड़ा और सटीक बैठता। ‘वर्ण-अर्थ’ तो कोई बोलता नहीं, सभी ‘शब्द-अर्थ’ को ही साथ-साथ बोलते हैं। अतः ‘शब्दानां’ की जगह ‘वर्णानां’ का चुना एक तो ‘व’ कार के लिए हो सकता है, और इसके अतिरिक्त भी कुछ कारण हो सकता है जिससे प्रेरित होकर उन्होंने ‘वर्णानां’ ही को चुना, ‘शब्दानां’ को नहीं।

यदि सूक्ष्म दृष्टि से देखें तो ‘शब्द’ का मूल है ‘वर्ण’ और अर्थ। जब विविध वर्ण ध्वनियों का उच्चारण होता है तो वे मिलकर अर्थ का एक ‘स्फोट’ पैदा करती है और इसे ‘शब्द’ की संज्ञा दी जाती है। यदि ‘वर्ण ध्वनि’ का उच्चारण हो, पर ‘अर्थ’ का स्फोट न हो तो यहाँ ‘शब्द’ नहीं हो सकता। अतः ‘शब्द’ मूलतः वर्ण ध्वनि और अर्थ दोनों का मेल है, या युगनद्ध रूप है। ‘वर्ण’ निर्गुण होता है पर अर्थ सगुण। ‘वर्ण’ का अर्थ है ‘अक्षर’। यह निर्गुण परमात्मा का प्रतीक है। ‘अक्षर’ या निर्गुण परमात्मा का ‘परावाक्’ रूप है, परन्तु अर्थ है सम्बन्धित ‘अपरा जगत्’। ‘वर्णानाम अर्थ संधानां’ कहकर गोसाईं जी ‘परावाक्’ और ‘अपरा जगत्’ दोनों की ओर संकेत कर देते हैं। यह संकेत ‘शब्दानां’ कहने से उपलब्ध नहीं होता। ‘शब्दानां’ के बाद ‘अर्थानाम्’ कहने का कोई तुक भी नहीं। शब्द सदैव ‘सार्थक’ होता है। ‘निरर्थक’ शब्द (व्याकरण की भाषा में) भी सार्थक का ही प्रस्तार है। यह सार्थक शब्द का आभरण है, उससे भिन्न उसकी कोई सत्ता नहीं। ‘पानी-वानी लाओ’ में ‘वानी’ को वैयाकरण निरर्थक शब्द कहेंगे। पर ‘वानी’ कोई अलग शब्द ही नहीं। उसकी स्वतन्त्र सत्ता कहाँ है? वह तो ‘पानी’ का आभरण है और वाक्य में ‘पानी-वानी’ यह ‘एक’ पूरा युग्म शब्द हुआ। जिसकी स्वतन्त्र सत्ता नहीं, वह माया है, वह अनस्तित्व है। इसी से मैं कहता हूँ कि बातचीत के मुहावरे में चाहे जैसे कहने की प्रथा हो, पर दार्शनिक दृष्टि से ‘शब्दानां’ कहने के बाद ‘अर्थानाम्’ का कोई प्रयोजन नहीं। क्योंकि शब्द के भीतर ही ‘वर्ण-ध्वनि’ (वाक्) और अर्थ दोनों निहित है, इसी से तुलसीदास ने ‘वर्णानां’ के बाद ‘अर्थसंधानाम्’ लिखा है। ‘वर्णानाम्’ अर्थात् निराकार अक्षर ब्रह्मरूपा परावाक् और ‘अर्थानाम्’ अर्थात् साकार सगुण विश्वरूपा प्रकृति। यहाँ इन दोनों के प्रतीक अर्थात् सम्पूर्ण ‘वाक् ब्रह्म’ की वन्दना होती है। यह ‘वाक्-ब्रह्म’ ही सरस्वती विनायक का युग्म है। इस ‘वाक् ब्रह्म’ को कालिदास ने ‘पार्वती परमेश्वरौ’ कहा है।

‘वर्ण’ और अर्थ के बाद गोसाईं जी चर्चा करते हैं रस और छन्द के जोड़े की। ‘रस’ है स्थायी भाव का आनन्द और छन्द है रूपायन या फॉर्म जिसमें वह स्थायी भाव व्यक्त होता है। रस जब छन्द में उतरता है तभी रूप लेता है। जैसे चैतन्य ब्रह्म माया जगत् में उतरकर नाना जीवात्माएँ बन जाता है। माया जगत् में विविध छन्दों का निरन्तर खेला चल रहा है और प्रत्येक छन्द के अनुसार परम चैतन्य आकृति और नाम-रूप लेकर खेल रहा है। पर जिस प्रकार सारी जीवात्माओं

के परे एक 'परत्मात्मा' है जो इनमें स्थित है, वैसे ही सारे 'रसों' के परे एक 'रस वै सः' है, 'महारस' है जिसे वैष्णव रसराज कृष्ण कहते हैं, शाक्त 'त्रिपुर सुन्दरी' और 'शैव रसेश्वर शिव'। अतः 'रसानाम्' 'महारस' आनन्दमय चैतन्य का प्रतीक है और 'छन्दसाम्' माया जगत् के रूप छन्दों का। कवि बात तो करता है 'रसों' और 'छन्दों' की परन्तु इनको एक जोड़े में रखकर हमारे अन्दर बृहत्तर संकेतपूर्ण बिम्बों को जगाता है : 'महारस', (आनन्द ब्रह्म) और माया 'जगत्' (रूप के साँचों का जगत्) की स्मृति उपस्थित करता है।

अन्त में आता है 'मंगलानां' मंगल का साधारण अर्थ हुआ 'कल्याण'। परन्तु लोकरूढ़ि में मंगल का अर्थ दही, मछली, फूल, हाथी, शंख, दूर्वा, अक्षत आदि होता है जो यात्रा के शुभारम्भ में प्रस्तुत किए जाते हैं। गोसाईं जी भी अपनी काव्य-यात्रा के शुभारम्भ में इन सबका संकेत दे देते हैं। यह मंगल उनकी यात्रा के शुभारम्भ में जुटाएगा कौन? 'वाणी विनायकौ' का युग्मीभूत एवं सक्रिय चैतन्य। अतः कवि इन दोनों की वन्दना करता है।

भापा की शक्ति अपार होती है। एक तो होती है स्थूल वाच्यार्थ शक्ति। इसके परे होती है लक्ष्यार्थ और व्यंग्यार्थ की शक्तियाँ। पर व्यंग्यार्थ को भी अतिक्रान्त करके एक और शक्ति कार्य करती है, वह है सम्बन्धित सूक्ष्म और विराट् संकेतों की शक्ति। वह भाषा की 'परा शक्ति' है। यह परा शक्ति ही श्रोता या पाठक के जन्म-जन्मान्तर के संस्कार-सम्बन्धों को जगाती है, अर्थगत स्मृतियों में सक्रिय 'रस संचार' करती है। कविता में भाषा की यही 'परा शक्ति' काम करती है। इसका मौलिक आधार होता है, शब्द का वाच्यार्थ नहीं, शब्द का बिम्बगत संकेत, और शब्द का संस्कारगत मूल्य। भाषा की स्थूल शक्ति के अनुसार इस प्रथम श्लोक का अर्थ यह हुआ : "मैं वर्णों, अर्थों, रसों, छन्दों और मंगलों के संयुक्तकर्ता-द्वय, वाणी और विनायक की वन्दना करता हूँ।" परन्तु भाषा की पराशक्ति या उत्क्रान्त शक्ति की दृष्टि से इस श्लोक का अर्थ इस प्रकार होगा :

"मैं परावाक् रूप ब्रह्म एवं अपरा प्रकृति, महारसरूप आनन्दब्रह्म एवं छन्दमय गतिमान माया जगत् के युग्म प्रतीक रूप 'वाणी-विनायक' की वन्दना करता हूँ, जो मेरी काव्य-यात्रा के शुभारम्भ में सारे मंगलों—अक्षत-फूल-दही-हल्दी-शंख-कमल आदि—को मेरे सम्मुख प्रस्तुत कर रहे हैं।" अवश्य ही यह अर्थ परीक्षार्थी के लिए नहीं है, काव्य-आस्वाद और रस आखेटक के लिए है।

संकलित निबन्धकार

1. प्रतापनारायण मिश्र

भारतेन्दु युग के निबन्धकारों में प्रतापनारायण मिश्र का महत्त्वपूर्ण स्थान है। आचार्य शुक्ल के अनुसार "पण्डित प्रतापनारायण मिश्र और बालकृष्ट भट्ट ने हिन्दी गद्य साहित्य में वही काम किया है, जो अंग्रेजी गद्य साहित्य में एडीसन और स्टील ने किया था।" मिश्रजी मूलतः व्यक्तिव्यंजक निबन्धकार हैं। निबन्धकार की निजता जितनी उनके निबन्धों में उभर कर आयी है, उतनी भारतेन्दु युग के अन्य निबन्धकारों में नहीं। उनकी आत्मीयता, जिन्दादिली, सजीवता, फक्कड़पन उनके निबन्धों का प्राण है। "भारतेन्दु युग के अन्य किसी लेखक ने अपनी लेखनी को जीभ की तरह इतना नहीं चलाया, अन्य किसी लेखक ने पाठक से इतनी आत्मीयता से और इतनी ज्यादा बातचीत नहीं की। और कोई भी लेखक अपनी भाषा को इतनी सरपट नहीं दौड़ा सका, जितना प्रतापनारायण मिश्र।" (रामविलास शर्मा) मनोरंजन का तत्त्व इनके निबन्धों में प्रधान है, पर मनोरंजन के माध्यम से ही समसामयिक समस्याओं के प्रति सचेत करना वे नहीं भूलते। अपने पत्र 'ब्राह्मण' में समसामयिक समस्याओं पर निबन्ध प्रकाशित करते रहते थे। 'दाँत', 'भौं', 'पेट', 'बात', 'छल', 'लत', 'वृद्ध', 'धोखा', 'ट', 'द', 'चिन्ता', 'काम', 'स्वार्थ', 'न्याय', 'मुच्छ', 'समझदार की मौत', 'खुशामद', 'भलमंसी', 'मिडिल-क्लास', 'परीक्षा', 'उपाधि', 'मनोयोग', 'विश्वास', 'दुनिया अपने मतलब की है', 'मरे को मारे शाहमदार', 'सबै सहायक सबल के कोउन निबल सहाय', 'जवानी की सैर', कांग्रेस की-जय', 'देशी कपड़ा' आदि निबन्ध उनके उत्कृष्ट निबन्धों के उदाहरण हैं। व्यंग्य उनका प्रधान अस्त्र है और उससे कोई बच नहीं पाता। कान्यकुब्ज ब्राह्मणों पर जो व्यंग्य उन्होंने किया है, वह केवल उन्हीं के लिए सम्भव है—"इनकी पैदाइश विराट भगवान के मुख से है और मुख ऐसा स्थान है जहाँ थूक भरा रहता है। फिर जो थूक के ठौर से जन्मेगा वह कहाँ तक थुकेलापन न करेगा।" व्यक्तित्वप्रधान निबन्ध होने के कारण इनकी भाषा में सजीवता, लचीलापन और प्रवाह है। भाषा के सम्बन्ध में मिश्रजी का दृष्टिकोण उदार था। उनकी भाषा में तत्सम, तद्भव, देशज, अरबी-फारसी, अंग्रेजी सभी प्रकार

के शब्द आये हैं। लोकोक्तियों से उनकी भाषा भरी हुई है। सर्वसाधारण में प्रचलित अनेक लोकोक्तियों को उन्होंने साहित्य में स्थान दिया। ''भारतेन्दु युग में और किसी की हिन्दी ग्रामीण बोलियों के इतना निकट नहीं आ पाया। इस प्रवाह में बहते हुए कहीं-कहीं वे अति कर गये हैं और गाँवों में उन्होंने ऐसी कहावतों आदि को अपना लिया है, जिन्हें सभ्य समाज घृणित या त्याज्य समझेगा (रामविलास शर्मा)'' मिश्रजी की शैली में घरेलूपन, व्यंग्य और हास्य विनोद आदि गुण विशेष रूप से मिलते हैं। लोकोक्तियों, मुहावरों, उद्धरणों, वक्रोक्तियों और ग्रामीण शब्दों के सहारे व्यंग्यात्मक शैली की सामर्थ्य और व्यंजना शक्ति में मिश्रजी ने विलक्षण वृद्धि की है।

2. महावीरप्रसाद द्विवेदी

आचार्य महावीरप्रसाद द्विवेदी युग प्रवर्तक साहित्यकार थे। उन्होंने हिन्दी गद्य को अराजकतापूर्ण स्थिति से निकालकर उसे स्थिरता प्रदान की। उन्होंने अपने लेखों के माध्यम से हिन्दी भाषा का आदर्श रूप सामने रखा। हिन्दी गद्य का समुचित परिष्कार द्विवेदी युग में सम्भव हुआ। द्विवेदी जी बहुमुखी प्रतिभासम्पन्न साहित्यकार थे, निबन्धकार और आलोचक के रूप में उन्हें सर्वाधिक प्रतिष्ठा मिली। निबन्ध साहित्य को उन्होंने विषय और शैली की दृष्टि से प्रौढ़ता प्रदान की। द्विवेदी जी के निबन्ध चार प्रकार के हैं–1. विभिन्न पत्र-पत्रिकाओं में प्रकाशित निबन्ध। 2. पुस्तकों की भूमिका के रूप में प्रकाशित निबन्ध। 3. स्वतन्त्र निबन्ध संग्रह। 4. विविध भाषण। 'रसज्ञ रंजन' में द्विवेदी जी के श्रेष्ठ साहित्यिक निबन्ध संगृहीत हैं। 'कवि कर्तव्य,' 'कवि और कविता' आदि प्रसिद्ध निबन्ध इसमें संगृहीत हैं। द्विवेदी जी के निबन्धों में विषय की विविधता और व्यापकता है। उनकी दृष्टि में पाठकों का ज्ञान वर्द्धन प्रमुख था। डॉ. उदयभानु सिंह ने विषय की दृष्टि से द्विवेदी जी के निबन्धों को आठ वर्गों में बाँटा है–साहित्यिक, चरित प्रधान, ऐतिहासिक तथा पुरातत्व विषयक, विज्ञान सम्बन्धी, भूगोल सम्बन्धी, उद्योग शिल्प सम्बन्धी, आध्यात्मिक, भाषा तथा व्याकरण सम्बन्धी। द्विवेदी जी ने विषय के अनुकूल प्रायः सभी शैलियों का व्यवहार किया है। भावात्मक, आलोचनात्मक, गवेषणात्मक, व्यंग्यात्मक आदि अनेक प्रकार की शैलियाँ उनके निबन्धों में मिलती हैं। द्विवेदी जी की शैली सजीव और परिपक्व है। आचार्य शुक्ल ने द्विवेदी जी के निबन्धों को विचारात्मक श्रेणियों में रखा है। पर उनके अनुसार–'विचारों की गूढ़ गुम्फित परम्परा उनमें नहीं मिलती, जिसमें पाठक की बुद्धि उत्तेजित होकर किसी नयी विचार पद्धति पर दौड़ पड़े।.... द्विवेदी जी के लेखों को पढ़ने में ऐसा जान पड़ता है कि लेखक बहुत मोटी अक्ल के पाठकों के लिए लिख रहा है।' द्विवेदी जी की भाषा स्वच्छ, परिष्कृत और व्याकरणसम्मत है। शब्द-चयन और वाक्य-विन्यास दोनों ही दृष्टियों से उसमें परिपक्वता है।

उन्होंने अवसर के अनुसार अनेक भाषाओं के शब्द इस्तेमाल किये हैं। द्विवेदी जी ने भाषा-परिष्कार का महान कार्य किया है। आचार्य शुक्ल ने उनकी भाषा पर टिप्पणी करते हुए लिखा है–''उनकी भाषा में न तो लल्लू-लाल का ब्रजपन आने पाया, न मुंशी सदासुखलाल का पाण्डित्यपन, न सदल मिश्र का पूर्वीपन, न राजा शिवप्रसाद का उर्दूपन और न राजा लक्ष्मण सिंह का खालिसपन और आगरापन। इतने पनों से एक साथ पीछा छुड़ाना भाषा के सम्बन्ध में बहुत ही परिष्कृत आदि का परिचायक है।''

3. बालमुकुन्द गुप्त

बालमुकुन्द गुप्त हिन्दी के ऐसे निबन्धकार हैं, जो भारतेन्दु युग और द्विवेदी युग दोनों की सीमा को स्पर्श करते हैं। उनके निबन्धों का प्राण-तत्त्व भारतेन्दु कालीन और शरीर द्विवेदी कालीन है। इसलिए उनके यहाँ व्यंग्यात्मक निबन्ध शैली की वही अपूर्व सजीवता और रोचकता मिलती है जो भारतेन्दु युग की निबन्ध शैली की सहज प्रकृति है। गुप्तजी के निबन्धों का संग्रह 'बालमुकुन्द गुप्त निबन्धावली' के रूप में प्रकाशित है, जिनमें अनेक प्रकार के निबन्ध संकलित हैं, पर उनकी असली ख्याति 'भारत मित्र' में समय-समय पर प्रकाशित राजनीतिक तेवर वाले निबन्धों से हुई है। 'शिव शम्भु के चिट्ठे' तथा 'चिट्ठे और खत' निबन्ध संग्रहों में संकलित व्यंग्यपूर्ण निबन्ध प्रतापनारायण मिश्र की परम्परा का अनुकरण करके लिखे गये हैं। भँगेड़ी शिव-शम्भु के दिवास्वप्नों के बहाने गुप्तजी ने विदेशी शासन पर खूब फब्तियाँ कसी हैं। भंग की तरंग में लेखक की विचारधारा और कल्पनाशक्ति बहुआयामी हो उठी है। भारतीय जीवन के दैन्य, दारिद्रय तथा अंग्रेजों के कुकृत्य दोनों पर ही उनकी दृष्टि है। भारतीय पराधीनता की दुखद कहानी कहते हुए निबन्धकार भारतीय जनता को नवजागरण का सन्देश भी देता है। गुप्तजी के निबन्धों में इनकी अभिव्यक्ति क्षमता चरम कलात्मक उत्कर्ष पर पहुँची दिखाई देती है। इनमें व्यंग्योक्तियों और कटूक्तियों के विदग्ध प्रयोग मिलते हैं। भाषा पर गुप्तजी का असाधारण अधिकार हैं। ''उनकी भाषा बहुत चलती, सजीव, और विनोदपूर्ण होती थी। किसी प्रकार का विषय हो, गुप्तजी की लेखनी उस पर विनोद का रंग चढ़ा देती थी।'' (रामचन्द्र शुक्ल) गुप्तजी ने उर्दू मिश्रित भाषा का प्रयोग किया है। मुहावरों और कहावतों से गुप्तजी की भाषा सुसज्जित है। उनकी शैली पर उनके व्यक्तित्व की स्पष्ट छाप है। उसमें ओज, आवेग और प्रवाह है। व्यंग्य और हास्य उनकी शैली के प्रधान स्तम्भ हैं। उनके व्यंग्य प्रहार करने और चोट पहुँचाने में पूर्णतः सक्षम हैं। अन्योक्तियों के सहारे कलात्मक व्यंग्याभिव्यक्ति गुप्तजी की भाषा शैली का वैशिष्ट्य है। गुप्त जी कल्पना के सहारे चमत्कारपूर्ण चित्र उपस्थित करने में सक्षम हैं। कविसुलभ कल्पना

से उनकी व्यंग्य कथा और भी चमक उठी है (रामविलास शर्मा)। गुप्तजी हास्य रस से क्षण में ही दूर हटकर शैली को गम्भीर बना देते हैं–''उनकी गम्भीर शैली में एक प्रकार की कविता है, जिससे गद्य भी कविता की भाँति सरस हो उठता है।'' (रामविलास शर्मा)।

4. रामचन्द्र शुक्ल

आचार्य शुक्ल हिन्दी के ही नहीं, भारतीय साहित्य के प्रमुख निबन्धकार हैं। ''उनके निबन्धों की गूढ़ गुम्फित विचार सरणि और गहन गम्भीर भाषा शैली एक समग्र प्रभाव छोड़ते हैं।'' शुक्लजी के निबन्धों में उच्चकोटि की विचार शक्ति एवं संवेदनशीलता के दर्शन होते हैं। उनमें बुद्धि एवं हृदय का विषय और व्यक्ति का अद्वितीय समन्वय दिखायी पड़ता है। शुक्लजी के निबन्ध दो प्रकार के हैं–मनोवैज्ञानिक और साहित्य आलोचनात्मक। 'उत्साह', 'करुणा', 'ईर्ष्या', 'घृणा', 'भय', 'क्रोध', 'श्रद्धा-भक्ति', 'लज्जा और ग्लानि', 'लोभ और प्रीति' जैसे मनोवैज्ञानिक निबन्धों में जिन मनोविकारों पर विचार किया है, उन्हें व्यावहारिक जीवन में जाँचने या देखने की कोशिश की है। इन्हें शुद्ध मनोविज्ञान सम्बन्धी निबन्ध नहीं कहा जा सकता। पाश्चात्य मनोविज्ञान व्यक्ति को समीष्ट से अलग कर उसकी चित्तवृत्तियों का अध्ययन करता है। शुक्लजी इन मनोविकारों को व्यवहार एवं समाज से जोड़कर देखते हैं। साहित्य आलोचनात्मक निबन्ध दो तरह के हैं–साहित्य सिद्धान्त सम्बन्धी ('कविता क्या है?', 'काव्य में लोक मंगल की साधनावस्था', 'साधारणीकरण और व्यक्ति वैचित्र्यवाद', 'काव्य में रहस्यवाद', 'रसात्मक बोध के विविध स्वरूप' आदि) और समीक्षा सम्बन्धी ('भारतेन्दु हरिश्चन्द्र', 'तुलसी का भक्ति मार्ग', 'मानस की धर्म भूमि' तथा 'सूर तुलसी एवं जायसी की समीक्षा') निबन्ध। इन निबन्धों में आचार्य शुक्ल का गम्भीर एवं विस्तृत अध्ययन, व्यापक दृष्टिकोण, सूक्ष्म विवेचन और विश्वसनीय निर्णय सर्वत्र लक्षित होता है। इनके सभी निबन्ध विचारों की गहनता और व्यापकता से सम्पन्न हैं। साथ ही इनके प्राणवान व्यक्तित्व की छाप सर्वत्र मिलती है। 'शैली ही मनुष्य है' जैसा कथन शुक्लजी के निबन्धों में पूर्ण अर्थ प्राप्त करता है। चिन्तामणि भाग एक, के निवेदन में शुक्लजी कहते हैं–''इस पुस्तक में मेरी अन्तर्यामा में पड़ने वाले कुछ प्रदेश हैं। यात्रा के लिए निकलती रही है बुद्धि पर हृदय को भी साथ लेकर।'' सफाई, कसाव, प्रवाह शुक्लजी की निबन्ध शैली की विशेषताएँ हैं, शुक्लजी की भाषा परिष्कृत, प्रौढ़, विषयानुकूल, समृद्ध एवं प्रभावोत्पादक है। मूर्तिमत्ता, संश्लिष्टता, प्रभावमयता, सजीवता, व्याख्यानात्मकता तथा व्यक्तित्व विधायिनी शक्ति शुक्लजी की भाषा की विशेषताएँ हैं।

5. हजारीप्रसाद द्विवेदी

आचार्य शुक्ल के बाद से आज तक के लम्बे समय में निबन्ध विधा को यदि सबसे अधिक सार्थकता किसी ने प्रदान की है तो वे हैं आचार्य हजारीप्रसाद द्विवेदी। 'अशोक के फूल', 'देवदारु', 'कुटज', 'शिरीष के फूल', 'आम फिर बौरा गये', 'वसन्त आ गया है', 'मेरी जन्मभूमि', 'घर जोड़ने की माया', 'नाखून क्यों बढ़ते हैं', 'ठाकुर जी की बटोर', 'सभ्यता और संस्कृति', 'भारतीय संस्कृति की देन', 'परम्परा और आधुनिकता' जैसे निबन्ध हिन्दी साहित्य की अमूल्य निधि हैं। द्विवेदी जी के निबन्धों में आत्मपरक निबन्ध के सभी गुण मिलते हैं। आत्मपरक निबन्धों की सबसे बड़ी विशेषता है व्यक्तित्व व्यंजकता। इन निबन्धों में द्विवेदी जी का बहुआयामी और सर्जनात्मक व्यक्तित्व उभरकर सामने आया है। उनका प्रकृति प्रेमी और सौन्दर्य प्रेमी व्यक्तित्व, आचार्यत्व, वैदुष्य, मानव-मूल्य के प्रति आस्था, भारतीय संस्कृति के प्रति अगाध निष्ठा, भविष्य के प्रति आशापूर्ण दृष्टि, जाग्रत इतिहास-बोध, मनुष्य की जिजीविषा में पूर्ण विश्वास, साथ ही विनोदप्रियता, सहज आत्मीयता, गहन अध्ययन, गम्भीर चिन्तन, सरस भावुकता, सूक्ष्म किन्तु व्याकुल संवेदनात्मक दृष्टि, उन्मुक्तता, फक्कड़ाना मस्ती उनके निबन्धों में व्यक्त हुआ है। द्विवेदी जी का व्यक्तित्व इतिहास, पुराण, संस्कृति, तन्त्र, ज्योतिष, समाजशास्त्र, राजनीति, सभी की थाह लेता हुआ मनुष्य मात्र के विकास का रास्ता ढूँढ़ता है। द्विवेदी जी का अगाध पाण्डित्य उनके निबन्धों का आवश्यक तत्त्व है, पर वह पाठकों को आतंकित नहीं करता, द्विवेदी जी पाण्डित्य की जड़ता पर निरन्तर चोट करते हैं—उनका पाण्डित्य सहज होकर आया है अतः वह बोझ बनकर डुबाता नहीं, जीवन का अंग बन जाता है। अकुण्ठ भावावेग उनके निबन्धों को अद्‌भुत लयात्मकता प्रदान करता है। "उनके निबन्धों में शास्त्रीयता से पुष्ट वैदुष्य, आत्ममन्थन से समुद्‌भूत चिन्तन और प्रतिभापूर्ण कल्पना का सुन्दर समन्वय है।" द्विवेदी जी कथा कौतुकी हैं, कथारसता इनके निबन्धों में एक प्रकार का रस घोलती है। द्विवेदी जी की भाषा शैली उनके व्यक्तित्व का प्रतीक है। "उसमें संस्कृत भाषा का पूर्ण वैभव, हिन्दी की सम्पूर्ण शक्ति और लोक जीवन की सरस व्यंजना एक साथ समाविष्ट है।" द्विवेदी जी की शैली की वास्तविक शक्ति उनके गद्य की लय है। भाषा का प्रवाह गद्य की लय को सम्भव बनाता है। "कल्पना की स्वच्छन्द उड़ान और तज्जन्य अनियन्त्रित भाव विह्ललता" उनकी निबन्ध शैली का महत्त्वपूर्ण तत्त्व है। उद्धरण बहुलता, मिथक-कथा उनके निबन्धों में नया आकर्षण उपस्थित करते हैं। जहाँ तक भाषा का प्रश्न है यद्यपि द्विवेदी जी का झुकाव तत्समता की ओर है, पर उसमें संस्कृत की दुरूहता का अभाव है, उसमें तद्‌भव, अर्द्ध तत्सम, विदेशी, देशज सभी प्रकार के शब्द अपना काम करते दिखाई देते हैं। बंगला का

पद लालित्य, भोजपुरी मुहावरों का खड़ापन द्विवेदी जी के निबन्धों की भाषा को सौन्दर्यपूर्ण बनाता है।

6. सच्चिदानन्द हीरानन्द वात्स्यायन 'अज्ञेय'

'अज्ञेय' आधुनिक हिन्दी साहित्य के ऐसे अनुभव-सम्पन्न लेखक रहे हैं, जिन्होंने अपनी आधुनिक दृष्टि के कारण सर्जनात्मक लेखन के क्षेत्र में युगान्तर उपस्थित किया है। अज्ञेय को प्रयोगधर्मा कलाकार कहा गया है। एक विशेष किस्म की बौद्धिक संवेदना से उनका लेखन अनुप्राणित रहा है। 'सब रंग और कुछ राग', 'आलवाल', 'भवन्ती', 'अन्तरा', 'लिखि कागद कोरे', 'अद्यतन', 'जोग लिखी', 'धार और किनारे', 'कहाँ है द्वारका' अज्ञेय के महत्त्वपूर्ण निबन्ध संग्रह हैं। अज्ञेय के निबन्धों में संस्कृति चिन्ता प्रमुख है। पं. विद्यानिवास मिश्र के अनुसार "अज्ञेय ने हिन्दी निबन्ध को सांस्कृतिक संवेदना के सम्प्रेषण का माध्यम बनाया है और प्रमाणित किया है कि व्यक्तित्व सम्पन्नता और अहं का विसर्जन कविता की ही तरह निबन्ध का मौलिक गुण भी है। बौद्धिक और रागात्मक संवेदना में गहरे रचे हुए अज्ञेय के निबन्ध सच्चे अर्थों में निबन्ध कहे जा सकते हैं, जिनमें बन्धन और मुक्ति का सार्थक अद्वैत दिखायी देता है।" अज्ञेय के निबन्धों में उनके समृद्ध व्यक्तित्व की झलक मिलती है। गहरी रागात्मकता और तटस्थता का समन्वय उनके निबन्धों में देखा जा सकता है। व्यंग्य की धार भी अज्ञेय के निबन्धों में मिलती है, पर उसमें व्यक्तित्व की शालीनता भी निहित है। हिन्दी साहित्य को अज्ञेय की महत्त्वपूर्ण देन उनकी अत्यन्त समर्थ भाषा है। उपयुक्त शब्द शिल्प, कुशल वाक्य विन्यास उनकी गद्य भाषा की प्रमुख विशेषताएँ हैं। कुल मिलाकर अज्ञेय ने निबन्ध विधा को 'नया रचनात्मक संस्कार' दिया है।

7. रामविलास शर्मा

हिन्दी साहित्य में डॉ. रामविलास शर्मा का व्यक्तित्व व्यापक और विशाल है। उन्होंने अपने प्रखर विचारों से हिन्दी आलोचना को एक गति प्रदान की है, उसे जीवन्त बनाया है। डॉ. शर्मा मूलतः एक मार्क्सवादी विचारक हैं, इसलिए उन्होंने नये पुराने साहित्य को मार्क्सवादी दृष्टिकोण से देखने-परखने की कोशिश की है। उनकी इतिहास-दृष्टि इतिहास की मार्क्सवादी व्याख्या से प्रेरित और प्रभावित है। डॉ. शर्मा की यह मान्यता है कि मार्क्सवादी दर्शन मनुष्य के व्यक्तित्व के पूर्ण विकास का मार्ग तैयार करता है। डॉ. शर्मा ने ठेठ मार्क्सवादी विचारकों के मतों से अपने को अलग रखा है। उन्होंने यान्त्रिक भौतिकवाद और द्वन्द्वात्मक भौतिकवाद में अन्तर

किया है और साहित्य एवं संस्कृति को समाज के आर्थिक विकास का प्रतिबिम्ब न मान कर उसकी सापेक्ष स्वायत्तता का समर्थन किया है। हिन्दी साहित्य के सामाजिक आधार को विश्लेषित करने में उन्होंने विवेक, निष्ठा, साहस, अध्ययनशीलता और वैचारिक प्रतिबद्धता का परिचय दिया है। भक्तिकालीन साहित्य के मूल्यांकन में उन्होंने नयी चीज सामने रखी है। गोस्वामी तुलसीदास का मूल्यांकन करते समय उन्होंने सामाजिक, आर्थिक, राजनीतिक समस्याओं के प्रति उनकी जागरूकता की सराहना की है; मध्यकालीन भारत के सांस्कृतिक परिवेश में उनकी प्रगतिशील चेतना के महत्त्व को रेखांकित किया है। डॉ. शर्मा ने तुलसीदास को भारत का श्रेष्ठ कवि कहा है। उनके अनुसार तुलसीदास ने नैतिक मूल्यों की रचना की और राष्ट्रीय एकता को मजबूत किया है। रामविलास शर्मा ने हिन्दी नवजागरण की जो अवधारणा सामने रखी, वह सर्वथा मौलिक है। डॉ. शर्मा ने भारतेन्दु, प्रेमचन्द, निराला साहित्य पर नयी दृष्टि से विचार किया है और हिन्दी आलोचना साहित्य में अपना महत्त्वपूर्ण स्थान बनाया है। 'भारतेन्दु हरिश्चन्द्र और हिन्दी नवजागरण', 'भारतेन्दु युग और हिन्दी भाषा की विकास परम्परा', 'प्रेमचन्द और उनका युग', 'निराला की साहित्य साधना', 'आ. रामचन्द्र शुक्ल और हिन्दी आलोचना', 'लोक जागरण और हिन्दी साहित्य', 'परम्परा का मूल्यांकन', जैसी कृतियाँ हिन्दी आलोचना का मानक प्रस्तुत करती हैं। रामविलास शर्मा ने भाषा के सम्बन्ध में भी बड़ी गहराई से विचार किया है। भाषा की प्रकृति, समाज से उसका सम्बन्ध, भारत की भाषा समस्या, आदि के विषय में उनके विचार बड़े महत्त्वपूर्ण हैं।

डॉ. शर्मा के निबन्ध समीक्षात्मक हैं। उनके विचारों की प्रौढ़ता, प्रखरता है। डॉ. शर्मा की भाषा उनके विचारों को समर्थ ढंग से व्यक्त करती है। वे ब्रजभाषा, बंगला, उर्दू, अरबी-फारसी, अंग्रेजी और संस्कृत भाषाओं तथा इनके साहित्य के ज्ञाता हैं—अतः उनकी शब्दावली पर इन भाषाओं का प्रभाव है। कहीं-कहीं उन्होंने इन भाषाओं के साहित्य के प्रभावी प्रसंगों के उद्धरण लेकर अपने विचारों को और भी प्रभावी बनाया है।

8. गजानन माधव मुक्तिबोध

मुक्तिबोध ऐसे साहित्यकार हैं, जिन्होंने समकालीन हिन्दी साहित्य को बहुत गहरे प्रभावित किया है। रचना और आलोचना दोनों क्षेत्रों में मुक्तिबोध का अन्यतम महत्त्व है। रचना में कविता के क्षेत्र में जो महत्त्व उनका है, लगभग वही महत्त्व गद्य के क्षेत्र में है। कवि, कथाकार, आलोचक के रूप में मुक्तिबोध वर्तमान साहित्यिक परिदृश्य के केन्द्र में हैं। मुक्तिबोध का गद्य विचार और चिन्तन का गद्य है। उनका विचार क्षेत्र व्यापक है। उन्हें जीवन के विभिन्न क्षेत्रों का व्यापक अनुभव था; राजनीति,

अर्थशास्त्र और समाजशास्त्र की बारीक-से-बारीक बातों की न केवल उन्हें जानकारी थी, बल्कि उसके सम्बन्ध में वे स्वयं बड़ी गहराई से विचार करते थे। उन्होंने विश्व साहित्य का गहरा अध्ययन किया था। 'मुक्तिबोध रचनावली' भाग चार एवं पाँच में उनके आलोचनात्मक निबन्ध संगृहीत हैं। इनमें उन्होंने साहित्य के मूल प्रश्नों पर विचार किया है, साहित्य और समाज के द्वन्द्वात्मक रिश्तों की पहचान की है। 'साहित्य के दृष्टिकोण', 'साहित्य में व्यक्तिगत आदर्श', 'साहित्य में सामूहिक भावना', 'समाज और साहित्य', 'जनता का साहित्य किसे कहते हैं', 'प्रगतिशीलता और मानव सत्य', 'मार्क्सवादी साहित्य का सौन्दर्य पक्ष', 'साहित्य में पक्षधरता', 'विश्वबोध और मानव मूल्य', 'काव्य की रचना प्रक्रिया', 'कला की रचना प्रक्रिया' जैसे निबन्ध मुक्तिबोध के गहरे चिन्तन के परिणाम हैं। मुक्तिबोध मार्क्सवादी विचारधारा से प्रभावित हैं, पर प्रगतिवादी खेमे में लेखकों द्वारा निर्धारित सीमाओं को उन्होंने कभी स्वीकार नहीं किया। उन्होंने उनकी जड़ आस्था का विरोध किया और निरन्तर एक स्वस्थ मानवीय दृष्टि विकसित करने पर निरन्तर बल देते रहे। मुक्तिबोध की दृष्टि में ''कोई भी दृष्टिकोण यानी कोई भी साहित्यिक वाद तभी तक ठीक है, जब तक वह जीवन की चेतना से परिपूर्ण है। यथार्थवाद, जिसे आजकल वर्गवादी प्रगतिवाद कहते हैं, तभी तक ठीक है जब तक उसका लेखक अपनी स्फूर्ति वास्तविक स्थिति से पाता है।'' (साहित्य के दृष्टिकोण)

मुक्तिबोध ने अपने बौद्धिक विकास के लिए मुख्यतः अंग्रेजी साहित्य या अंग्रेजी माध्यम से पाश्चात्य साहित्य के अध्ययन का आधार लिया था। यद्यपि उनका परिचय संस्कृत साहित्य से भी था तथा मराठी साहित्य का उन्हें अच्छा ज्ञान था, किन्तु उन पर सर्वाधिक प्रभाव अंग्रेजी भाषा और साहित्य का था। इसी कारण मुक्तिबोध ने अपने निबन्धों में सर्वाधिक प्रयोग अंग्रेजी शब्दों का किया है। यद्यपि प्राचीन और परम्परागत काव्यशास्त्रीय शब्दावली के उदाहरण भी मिलते हैं, पर वे बहुत थोड़े हैं। ''मुक्तिबोध की भाषा भावजगत की भाषा नहीं है, वह कल्पना की भी भाषा नहीं है, वह ज्ञान जगत के अर्थ विस्तार की भाषा, अनुभव के प्रसार की भाषा और विचारों के घनत्व की भाषा है।'' मुक्तिबोध का गद्य विचार प्रधान होने के कारण शैली पर इसका स्पष्ट प्रभाव है। पर कहीं-कहीं उनमें अन्य तत्त्व भी मिल जाते हैं, जैसे उनके वैचारिक गद्य में पत्रकारिता के तत्त्व भी विद्यमान हैं, कहीं-कहीं मुक्तिबोध विचारात्मक समीक्षाओं में आवेगशील हो जाते हैं, कहीं व्यंग्यात्मक शैली के प्रयोग से अपने गद्य को आक्रामक बनाते हैं, कहीं-कहीं अनुभूति की दीप्ति भी दिखाई देती है। अपनी डायरियों में उन्होंने गद्य विधान के अनेक प्रयोग किए हैं, उनकी डायरियों का गद्य रचनात्मक वैशिष्ट्य की दृष्टि से अधिक समृद्ध है। उसमें वार्तालाप शैली और नाटकीयता भी है, कहीं-कहीं अपने आलोचनात्मक गद्य को समर्थ बनाने के लिए सांकेतिकता और लाक्षणिक उक्तियों का भी आधार लिया है। 'कुल मिलाकर

मुक्तिबोध का गद्य हिन्दी गद्य की परम्परागत प्रकृति का समृद्ध रूप है, जिसे हम बौद्धिक संस्कृति से समृद्ध गद्य की संज्ञा दे सकते हैं।'

9. विद्यानिवास मिश्र

पं. विद्यानिवास मिश्र आचार्य हजारीप्रसाद द्विवेदी की परम्परा के एक महत्त्वपूर्ण निबन्धकार हैं। इनके निबन्धों में भारतीय संस्कृति के प्रति निष्ठा, लोकमंगल की भावना, शिवत्व की कामना, परम्परा और आधुनिकता का महत्त्वपूर्ण सामंजस्य, शास्त्र और लोक का समन्वय, सरस भावुकता, तरल संवेदनशीलता, कवित्वमयता, प्रकृति प्रेम, सौन्दर्यानुभूति, हास्य व्यंग्य की मनोरम छटा, तथा संस्कृत शब्दों के बीच भोजपुरी शब्दों का प्रयोग एक साथ उपस्थित है। 'छितवन की छाँह', 'चन्द्रमा मनसो जातः', 'हरसिंगार', 'होइहैं शिला सब चन्द्रमुखी', 'मेघदूत का सन्देश', 'तुम चन्दन हम पानी', 'आँगन का पंछी और बनजारा मन', 'आम्र मंजरी', 'मैंने सिल पहुँचायी', 'मेरे राम का मुकुट भीग रहा है', 'तमाल के झरोखे से', 'नये मूल्यों की तलाश', 'आस्था की सही पहचान', 'कँटीले तारों के आर पार', 'परम्परा बन्धन नहीं' आदि मिश्रजी के महत्त्वपूर्ण निबन्ध हैं। भारतीयता के प्रति जबर्दस्त आग्रह विद्यानिवास जी के निबन्धों में देखा जा सकता है, संस्कृत साहित्य का गहन अध्ययन होने के कारण मिश्रजी भारतीय संस्कृति के शाश्वत मूल्यों को प्रत्यक्ष करने में समर्थ हुए हैं। ''मिश्रजी को इस धरती से बेहद प्यार है, यहाँ की चीजें उन्हें अत्यन्त प्रिय हैं, यहाँ की वस्तु उनके लिए जीवित अवश्य है। मिश्रजी को एक ओर नागर जीवन का व्यापक अनुभव है तो दूसरी ओर लोक-जीवन एवं ग्रामीण समाज में गहरी रुचि, इसलिए जहाँ उनके निबन्धों में संस्कृत का पूर्ण शास्त्रीय वैभव दिखाई देता है, वहीं दूसरी ओर लोक जीवन और लोक संस्कृति के प्रति गहरी सम्पृक्ति भी। शिक्षा, धर्म और संस्कृति सम्बन्धी निबन्धों में मिश्रजी का प्रश्नाकुल आधुनिक संवेदन अपनी तलखी के साथ मौजूद है।'' विद्यानिवास मिश्र ने आधुनिक जीवन की विडम्बनाओं को भी अपने निबन्धों में व्यक्त किया है, सामाजिक-धार्मिक-विषमताओं, जन-जीवन में व्याप्त कुण्ठा, कटुता, तीक्ष्णता और आक्रोश की वास्तविक झाँकी प्रस्तुत की है। मिश्रजी के निबन्धों में परम्परा और आधुनिकता के बीच सार्थक संवाद लक्षित किया जा सकता है। उनमें रूढ़ियों के समर्थन का उतना आग्रह नहीं है पर वे मानते हैं कि मनुष्य को मनुष्य बने रहने के लिए कुछ रूढ़ियों का होना प्रगतिशीलता से भी अधिक आवश्यक है। आधुनिक चिन्तन को अपनाते हुए भी वे भारतीय परम्परा और उसकी पहचान को निरन्तर आलोकित करते रहते हैं। मिश्रजी के निबन्धों की शैली रोचक है और भाषा भावाभिव्यंजक। मिश्रजी की अन्तर्दृष्टि जितनी पैनी है,

अभिव्यक्ति उतनी ही मर्मस्पर्शिनी। उसमें कवित्वमयता, सरसता और उक्ति वैचित्र्य है। मिश्रजी का शब्द भण्डार विशाल और विविध भी है; उसमें यदि संस्कृत का पूर्ण वैभव है तो लोक भाषा की सरसता भी। भोजपुरी शब्दों का लालित्य उनके निबन्धों को और भी सरस बनाता है। संक्षेप में, "मिश्रजी के निबन्ध भारत की आत्मा के दर्पण हैं, इनका स्थायी महत्त्व है।"

10. निर्मल वर्मा

निर्मल वर्मा आधुनिक हिन्दी साहित्य के महत्त्वपूर्ण हस्ताक्षर हैं। ये इस समय के उन रचनाशील चिन्तक साहित्यकारों में से हैं, जो भाषा और विचार दोनों में अपनी निजता के लिए पहचाने जाते हैं। "निर्मल वर्मा ने हिन्दी गद्य को वह आत्मलीनता दी, जो उनके व्यक्तित्व की अत्यन्त गहन विशेषता है।" 'शब्द और स्मृति', 'हर बारिश में', 'कला का जोखिम' में निर्मल वर्मा के विचारपूर्ण निबन्ध संगृहीत हैं। 'चीड़ों पर चाँदनी' उनके संस्मरणात्मक निबन्धों का संग्रह है। निर्मल वर्मा गहरी अन्तर्दृष्टि और जीवन दृष्टि वाले लेखक हैं। 'निर्मल वर्मा के विचार सूत्र प्रायः अपने आप से संवादरत लेखक का अनुमान कराते हैं।' निर्मल वर्मा के निबन्धों में एक विशेष प्रकार की सजगता दिखायी देती है, उनके गद्य में कलात्मक परिष्कार के साथ आत्मचिन्तन भी दिखायी देता है। 'कला मिथक और यथार्थ', 'परम्परा और इतिहास बोध', 'रचना की जरूरत', 'साहित्य में प्रासंगिकता का प्रश्न', 'संवेदन की मर्यादाएँ', 'केन्द्रीय मानवीय स्थिति', 'दो संस्कृतियों के बीच', 'यूरोप में भारतीय', 'परम्परा और प्रतिबद्धता एक बातचीत', 'सौन्दर्य की छायाएँ' आदि निबन्ध अलग ढंग से रेखांकित करने योग्य हैं। 'कला का जोखिम' की भूमिका में निर्मल वर्मा लिखते हैं--'पुस्तक में संगृहीत ये निबन्ध किसी-न-किसी कोने से बराबर एक केन्द्रीय बिन्दु छूने का प्रयास करते हैं--और वह है, आधुनिक सभ्यता में कला का स्थान। पिछले वर्षों मुझे लगता रहा है कि हमारी दुनिया में कला का स्थान दिनोंदिन धुँधला, अनिश्चित और सन्दिग्ध बनता गया है, जो मेरी समझ में कला का सबसे बीहड़ जोखिम है।" निर्मल वर्मा कला की स्वतन्त्रता को मनुष्य की स्वतन्त्रता से जोड़ते हैं। साहित्य की मूल्यगत चिन्ताओं और कलात्मक सरोकारों से टकराते हुए कला की अन्तर्ग्रन्थियों को खोलना वे अच्छी तरह जानते हैं। निर्मल वर्मा कला की ऐसी शक्ति उद्‌घाटित करते हैं कि वह अपने-अपने समाज की स्थापित सत्ता का विरोध कर सके। उन्होंने आधुनिकता और भारतीयता के सम्बन्ध की व्याख्या भी अपने निबन्धों में की है। उनकी दृष्टि में सहज भारतीय हो पाना ही महत्त्वपूर्ण है। 'परम्परा और इतिहास बोध' जैसे प्रश्नों पर विचार करते हुए निर्मल वर्मा अनेक विचार बिन्दुओं का स्पर्श करते हुए पाठक से संवाद करते हैं। उनके मानव नियति

सम्बन्धी, देशकाल सम्बन्धी, व्यक्ति और कल्पना सम्बन्धी विचार अनुभव की आँच से निकले हैं निर्मल वर्मा के लेखन को सबसे अधिक समर्थ बनाने वाली विशेषता उनकी भाषा है। भाषा पर विचार करते हुए सामान्य भाषा और सर्जनात्मक भाषा में अन्तर किया गया है। निर्मल वर्मा का गद्य सर्जनात्मक है। उनकी गद्य-भाषा एक प्रकार से काव्य-भाषा है। उनकी सर्जनात्मक गद्य भाषा में अनुभूति की क्षमता अपने चरम रूप में प्रकट होती है।

11. कुबेरनाथ राय

समकालीन व्यक्तिव्यंजक निबन्धकारों में कुबेरनाथ राय का महत्त्वपूर्ण स्थान है। इनके निबन्धों में अध्ययन की व्यापकता एवं सांस्कृतिक चिन्तन की गहराई मिलती है। इस प्रकार इनके निबन्ध वैचारिक समृद्धि से परिपूर्ण हैं। संस्कृत साहित्य के साथ-साथ अंग्रेजी साहित्य के गहरे अध्ययन से इनमें व्यापक दृष्टि का समावेश हुआ है। पाश्चात्य सभ्यता एवं संस्कृति की समाजशास्त्रीय व्याख्या इनके निबन्धों में कहीं-कहीं दिखाई देती है। कुबेरनाथ राय के मन में भारतीय संस्कृति के प्रति आस्था है, वे भारतीय जीवन की संस्कृति-संरचना को समझने की चेष्टा करते हैं; आधुनिक जीवन पद्धति में व्याप्त मूल्यहीनता के कारणों की खोज करते हैं। प्राचीन मिथकों और अभिप्रायों की नयी रचनात्मक व्याख्या उनके निबन्धों (एक महाकाव्य का जन्म स्थान : एक सहर्षशील अनुभव) में उपलब्ध होती है। व्यक्तिव्यंजक निबन्ध की सभी विशेषताएँ इनके निबन्धों में मिलती हैं। सहज आत्मीयता, विनोदप्रियता, सरलता इनके निबन्धों के प्रमुख गुण हैं, बौद्धिक गहनता भी दिखाई देती है। हास्य एवं व्यंग्य का एक खास तेवर इनमें दिखाई देता है। इनकी भाषा में तत्सम शब्दावली के साथ अंग्रेजी शब्दों के प्रयोग मिलते हैं, कहीं-कहीं अंग्रेजी के वाक्यखण्ड भी मिलते हैं।

□□